南方传媒绿皮书

创意的盛宴

中国营销传播金奖案例集粹

阳 翼 编著

暨南大学出版社
JINAN UNIVERSITY PRESS

中国·广州

图书在版编目（CIP）数据

创意的盛宴：中国营销传播金奖案例集粹/阳翼编著. —广州：暨南大学出版社，2013. 5
（南方传媒绿皮书）
ISBN 978 - 7 - 5668 - 0597 - 3

Ⅰ. ①创… Ⅱ. ①阳… Ⅲ. ①市场营销学—案例—中国 Ⅳ. ①F713. 50

中国版本图书馆 CIP 数据核字（2013）第 112464 号

……………………………………………………………………………………

创意的盛宴：中国营销传播金奖案例集粹
编 著 者：阳 翼

策划编辑：杜小陆 史学英
责任编辑：史学英 刘 华
责任校对：刘 璇

地 址：中国广州暨南大学
电 话：总编室（8620）85221601
营销部（8620）85225284 85228291 85228292（邮购）
传 真：（8620）85221583（办公室） 85223774（营销部）
邮 编：510630
网 址：http：//www. jnupress. com http：//press. jnu. edu. cn
排 版：广海照排设计中心
印 刷：广东省农垦总局印刷厂
开 本：787mm × 1092mm 1/16
印 张：11. 75
字 数：250 千
版 次：2013 年 5 月第 1 版
印 次：2013 年 5 月第 1 次
定 价：25. 00 元

（暨大版图书如有印装质量问题，请与出版社总编室联系调换）

作者简介

阳翼，湖南湘乡人，中山大学管理学（市场营销）博士(2006)；美国密歇根大学商学院访问学者（2004—2005）。现为暨南大学新闻与传播学院广告学系副教授、硕士研究生导师、数字营销研究中心副主任、中山大学中国营销研究中心(CMC）研究员。已在国内外学术期刊发表论文近50篇，出版专著三部——《赢在低端市场：中国农村消费者行为与市场营销研究》(2012)、《中国独生代消费行为研究》（2008)、《港澳台广告：行业解读与案例赏析》(2007)，参撰《行销中国》（2002，2003)、《跨国公司行销中国》、《中国营销25年》、《消费者行为学》（第六版、中国版)、《消费者行为学——中国消费者透视》、《中国消费者行为报告》、《行销体育》等专著（教材）8部；主持教育部和国家广播电影电视总局课题各一项；系《南开管理评论》和《现代广告》（学术季刊）等期刊匿名评审专家；曾为中国移动、建设银行、合景泰富地产、保利地产、香港贸易发展局、清远市委宣传部、羊城晚报社、东莞报业集团、增城日报社提供咨询、培训或专项研究服务。

前言

2011年，戛纳国际广告节（Cannes Lions International Advertising Festival）在58岁生日时正式更名为戛纳国际创意节（Cannes Lions International Festival of Creativity），从“广告”到“创意”，这是一个延续了数十年的全球最高水平广告节的自我颠覆，也是全球广告业发展转型的一个强烈信号，标志着在数字媒体时代，广告公司的业务范畴和形态已经发生了深刻的变化。在第53届纽约广告节上，李奥贝纳亚太区主席 Jarek Ziebinski 更是直言，“传统广告已死，传统意义上的消费者也已不复存在。现在的消费者正在主宰广告，而不是被广告主宰。所以，广告界正在发生着一场大变革”。在这场大变革中，每一个广告人都不能置身事外，而应顺势而变，在更广泛意义的营销传播实践中，完成自己的“蜕变”。

为此，我们撰写了本案例集，精选的16个案例均为2012年各大广告节获金奖的作品，基本反映了当前中国营销传播界的顶尖水平。总体而言，本书案例具有广、高、深三个特点：

（1）覆盖面“广”。16个案例分别选自戛纳国际创意节、亚洲户外传播大奖、中国艾菲奖、中国长城广告奖、4A创意金印奖、时报华文广告金像奖、金鼠标奖、黄河奖等国内外重要广告节，这其中，既有中国内地的案例，也有香港和台湾的案例，既有商业传播案例，也有公益传播案例；商业传播案例覆盖食品、家电、通讯、家居、服饰、交通、服务、软件、金融和汽车十大行业；在营销传播工具的运用方面，既有传统的广告，也有微电影、APP等数字营销传播新形式。

（2）代表性“高”。众所周知，每年各大广告节评选出的金奖案例成百上千，由于种种原因，其中也不乏平庸之作。因此，我们在案例甄选的过程中，遵循宁缺毋滥、“金奖中选金奖”的原则，从众多金奖案例中选定了这16个最具代表性、最有借鉴价值的作品。

（3）“深”度分析。我们对案例的分析不是浅尝辄止，而是对其来龙去脉、战略策略、成败得失等进行全面深入的探讨，以期给读者一个全景式的展现。

本书是团队合作的结晶。案例的初稿由暨南大学新闻与传播学院的14位优秀研究生共同完成：周薇撰写了《分享的姿态与开放的心态："可乐手"的启示》，王潜撰写了《顺水行舟快，借风扬帆远——Dip Dip Nuggets（麦当劳）户外装置广告赏析》，姚婷婷撰写了《鸡的启示：由摇滚到歌剧——2011"肯德基"创意体验营销传播案》，张祚勇撰写了《互动广告新时代：A. O. 史密斯的"全民日光浴"》，尹吉洁撰写了《中国移动微电影广告〈老人愿〉》和《凤凰网跨媒体整合营销传播案例分析——斯巴鲁〈我行我路〉》，徐丝竹撰写了《宜家"不用换新家，也能住新家"广告案例》，郭婧山撰写了《活出你的伟大——NIKE奥运新媒体营销》和《微博史诗——迈锐宝"时光巡礼"》，付雅萍撰写了《信服，源自体验——〈海绵街〉的体验营销之道》，林雁昊撰写了《台湾高铁〈买鱼篇〉》，杨志慧撰写了《回家，一首永恒的歌——灵思重庆微招聘视频广告〈重庆！回来了〉》，邓强撰写了《IBM：微电影开辟社交商务大世界》，许越撰写了《不平凡的平凡大众：台湾大众银行〈生命树〉电视广告》，张乃康撰写了《公益广告〈隔离的键盘〉：别让键盘，把亲情隔离》，洪杏撰写了《公益传播：营销传播新起点》。他们在案例的撰写和修改过程中表现出的精益求精、团队合作精神令我印象深刻。感谢张祚勇和尹吉洁两位助理，他们在写作团队的沟通和协作方面做了大量工作。

特别感谢暨南大学新闻与传播学院的林如鹏教授、范以锦教授、支庭荣教授、杨先顺教授、张晋升教授、曾建雄教授、申启武教授、星亮副教授以及暨南大学出版社的杜小陆和史学英两位编辑，没有他们一如既往的鼓励、支持和帮助，本书不可能顺利出版。

由于成书时间较为仓促，虽数易其稿，疏漏仍在所难免，不当之处，还请读者不吝批评指正！

阳　翼

二〇一三年五月

目　录

食　品　类

【戛纳国际创意节户外类全场大奖】

分享的姿态与开放的心态："可乐手"的启示

广告的未来会是怎样？

"未来，很远的未来，广告究竟会变成什么样，现代人恐怕还难以具体想象出来。"[①] 这是时任戛纳国际广告节组委会主席的罗杰·哈时先生给出的回答。那是在 1997 年，互联网还只是少数人的专属工具，手机只是单纯的通信设备，杰克·多西（Twitter 创始人之一）只是个爱好编程的大学生，马克·扎克伯格（Facebook 创始人）则刚满 13 岁。

15 年前的罗杰·哈时先生肯定没有想到当今世界呈现出的这番生动景象。互联网技术的应用打破了时空藩篱的束缚，人们可以轻松地同世界各方对话。互联网的功能与效用被大大激化，电子商务和社交网络的发展提供了便捷高效的沟通平台和交流方式，世界变得很近。

一、互联网时代，广告的主张

广告是创造性的信息沟通方式，对新事物有天生的敏锐触角，在数字化、网络化浪潮的推动下，已经嗅到新生力量的广告人正逐步适应并创造性地运用数字技术。这种数字化、社会化沟通的创新尝试从这几年各大广告节上便可窥见一斑。洛杉矶 TWBA 为佳得乐打造的作品《重播》获得 2010 年多项国际广告大奖，活动让 1993 年参加全美高校橄榄球赛的两支球队回到赛场重温经典赛事，在互联网上引起了极大反响，该作品既是一个公关活动，又是一个促销广告，同时还是一个网络线上互动，三位一体的多元属性体现在作品的每个创意环节。2012 年戛纳创意节创意效果的全场大奖，来自伦敦 BBH 为香水品牌 Axe（Lynx）制作的《天使堕落》广告，通过多媒体技术运用实现天使降临的数字实景互动。这是一个互动

① 吴明先. 怎样才算"好广告"——访戛纳广告节组委会主席罗杰·哈时 [J]. 广告大观, 1997 (7): 11.

性、参与性很强的作品，无独有偶，《天使堕落》也是集户外环境广告、公关活动等多重身份于一身的佳作。

我们应该看到，互联网带给70亿地球人的绝不仅是便利的购物体验和实时的通信交流，更重要的是提供了一种更为开阔、更加开放的心态。让更多人参与，让更多人分享，是互联网精神的内在要求。开放和分享让互联网得以蓬勃发展，闭门造车或是囤积居奇都不能使互联网科技发展到今天这般宏大的景象。以开放的心态促成更深入的分享才是这个时代最应当为人称赞的品质。在数字化浪潮下，需要做的不仅仅是开发出新奇多样的应用软件，不仅仅是社交网络上来自五湖四海的虚拟好友，更应该是一种接受、包容、开放和共享的沟通心态与生活态度。身处于这个时代的人们，需要一种发自内心的分享意识。无论是广告的创意内容还是广告的执行方式都应该深刻地体现这一点。

新时代的广告就应该是：大家一起来！

世界需要开放和分享，而开放的心态只有付诸实践才具有现实意义，就像“戛纳国际广告节”更名为“戛纳国际创意节”，这不只是名称的简单变更，而是从更高的战略角度审视当今的广告行业，以长远的眼光和开放的态度吸纳更丰富的内容，不局限于现有成就和形式，不断适应新环境来实现自我的成长。2011 年在谈到戛纳广告节更名问题时，组委会主席 Terry Savage 说：“虽然广告是戛纳的核心，但是我们还有诸如公关和设计等其他学科的东西，这些都构成了创意品牌传播的过程。尽管我们始终有着做广告的传统，但此次活动没有仅仅局限于此……我们必须改变和适应，以此来保持我们和这个产业之间的密切性……一旦这个产业再次发生改变，我们还会再次改名来反映产业的变动。”① 既然有半个多世纪历史的戛纳组委会有如此态度，广告人也应该有相当的觉悟。

---

① 智颖，林朗. 从广告到创意——戛纳创意节主席解析 2011 戛纳 [J]. 中国广告，2011 (9)：21 ~22.

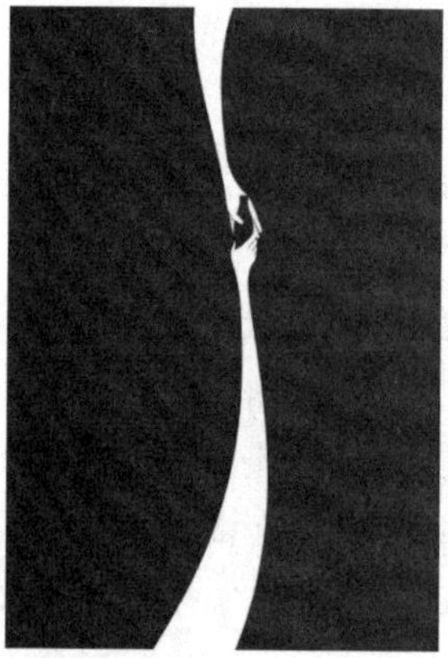

图 1

图片来源：http：//www.jonmak.com/Coke-Hands

更加包容和开放的戛纳吸收了更多新鲜血液，也带来了更多惊喜。2012 年 6 月，在法国南部地中海温热气候下不仅有碧海蓝天的迷人景致，还有各方创意精英的卓越才智。戛纳留给青年才俊们更多空间，满腹才情的幼狮，年轻的互联网巨擘，从广告到公关，从创意到执行，从电影到音乐，分享的精彩内容不一而足。来自香港的 20 岁大学生 Jonathan Mak Long 为可口可乐打造的户外作品《Coke Hands（可乐手）》为上海奥美摘得了户外类广告的全场大奖，这也是 2012 年大中华区获得的唯一全场大奖。

二、作品《可乐手》全方位解读

广告作品兼有物质美感和精神享受，这需要从各个层面和角度品评，且都是个人的口味体会。关于作品的评价，每个人可以不尽相同，而作品中蕴含着的共性价值却值得深入探讨。我们有必要从色彩到构图，从意义到效果，对作品《可乐手》进行一番解读，探寻作品《可乐手》背后的创意理念和传播意义。

（一）户外环境中简与繁的妙用

“可乐手”本身十分简洁，通过正负形关系处理的意象化之手，展示可口可乐的标志性特点，同时体现出分享可乐的乐趣。设计师 Jonathan 自己解释：“把可口可乐经典的白色飘带形象处理成一只手向另一只手传递可乐，是为了突出这个简洁的主题：分享可乐。”[①] 简而有形是“可乐手”的特点，红白二色，流畅线条，简单结构，没有出现具象的产品形象，甚至没有出现品牌商标，“可乐手”大胆地实践着“少即是多”的极简原则。

可口可乐的经典红色已经成为品牌标识的重要组成部分，也是消费者形成品牌印象的关键部分，因此几乎所有的可口可乐广告都使用了红色元素，尤其是在促销广告中。使用品牌颜色以强化品牌印象的功效在此已经不用赘述。Jonathan 在“可乐手”中大胆使用了大面积的品牌颜色，画面乍看之下单纯简朴，实则热情高调地突出了品牌特征。从观看者的心理因素考虑，大片的单色色块容易引起关注。考虑到广告的投放环境，专一的色彩在纷繁的户外环境中能吸引到更多的注意，具有“此时无声胜有声”的妙义。

作品《可乐手》的构图奉行“极简主义”，传递出分享概念的同时体现了可口可乐品牌的两大标志性元素——“波浪形飘带”和“曲线瓶身”。当人们接触越来越纷繁复杂的广告后，看到这样一个清新简洁的作品，会为它与众不同的设计所吸引，“可乐手”为那些逃离光怪陆离户外景色的眼睛们提供了休息场所。整体看似熟悉的可口可乐飘带，细细看来则别有洞天，中间轻微的变形化作两只手，正负形交替中形成一瓶可口可乐经典的瓶身形状。抽象的整体画面与具象的细节相结合，使其兼具设计感和可读性，一般人也能从中轻松品出广告的趣味。整个作品干净流畅，单纯洗练，作为户外广告作品，从喧嚷嘈杂中显现出明丽畅快，实为难得。“可乐手”在“有”与“无”之间自由游走，“太一”之感的正负形构图，体现了“无为有处有还无”的美学特点。

处理繁与简的关系不仅要考虑作品自身的构图和色彩的运用，还需要考虑具体环境。作品《可乐手》没有把视线局限于作品，而是放眼整个环境，利用户外这个复杂的大背景突出广告的简单纯粹，从而极具视觉冲击力。通过色彩与形状的巧妙结合，“可乐手”传递出一种整体的味道。画面整体呈现的感觉是清新明快的，虽然单纯，但是绝不简陋肤浅，富有动感的手势动作，圆润流畅的线条组合，大胆使用大面积品牌颜色填充，非常具有视觉冲击力，剔除一切不必要的装饰只留下最简洁的符号，在引人注目的同时显现出安静成熟的状态。元素之间的组合是奇妙的，就像 Jonathan 自己所说：“我喜欢把元素进行组合形成幽默的作品，这种作品能

① Jonathan Mak Long. Coke Hands [EB]. http://www.jonmak.com/Coke-Hands, 2012-12-17.

抓人眼球，能给人带来‘哇’的瞬间。”[1] 好作品通常让人产生一种醍醐灌顶或相见恨晚的感觉，这种体验对于观看者来说是最妙的滋味。《可乐手》确实是这样的作品，能让人产生“啊，原来可以这么玩”的有趣感受。诚然大胆省略品牌商标的极简表达方式也只适用于可口可乐这般声名远播的百年老品牌，广告作品体现的是设计师的非凡创意，更是其身后品牌的魅力。

（二）像维 C 一样有益身心的广告

广告作品不仅要有值得“品”的地方，还要有值得“思”的意义。好的广告通常都不是大声疾呼你必须要怎样，而是以一身利落之姿出现，向你解释生活可以怎样，诸如可以率性、可以理智、可以冲动、可以释怀等。两只简单“可乐手”传达出的意义远比它的视觉符号的直观展现来得丰富。重要的是分享，分享的历史远比现代文明悠久。打破自私的孤立处境，把美好的事物放大，体现人性的善和美，这不是说需要在生活方式上全盘复古，而是希望在情感上能够做到返璞归真。“可乐手”分享的不仅是食物，更是美好的心境和善良的人性。作品的意义寓于产品之中又在产品之上，不作长篇累牍的歌功颂德，而是简明扼要地向世人展示：看，分享可口可乐不错哦。

单从作品层面来说，“可乐手”算得上色、形、味、意融为一身的“美味”。因为在它身上我们看到了善，看到了“信息之美”。设计大师原研哉认为“清晰”（clarity）、“独创”（creativity）、“幽默”（humor）是成就“信息之美”的有效途径。技术的进步让我们开始关注“信息的本质”，那么对“美”的探索，是否能让我们更加接近生命的本质呢?[2] 这个问题值得每个信息传播产业人思考。在作品《可乐手》中我们不但看到了作品的清晰、独创和幽默，而且看到了其形式之上的意义之美，这种简单朴素的情感表达，或许可以帮助人们去思考生命的本质和生活的本真，给人以积极的引导，传递正能量，广告的社会责任担当很重要。广告帮助人们发现身边的感动和喜悦，有益于帮助人们发现生活中的“真、善、美”，反过来也帮助企业品牌不断丰富社会形象，从而在消费者心中形成正面的品牌印象。

---

① AD Age Staff. Hong Kong student behind Steve Jobs tribute creates new coke swirl [EB]. http://creativity-online. com/news/234172, 2012-04-17.

② ［日］原研哉．设计中的设计［M］．朱锷译．济南：山东人民出版社，2006. 195~198.

作品《可乐手》的分享意味与当代互联网精神是高度一致的，与其说分享精神契合互联网时代的内在要求，不如说网络技术让人意识到分享这种原始的、本真的乐趣。这种乐趣是人生命中的一个重要成分，广告作品本身也是对生命本质和生活质感的积极探讨。文章前面说过，新时代除了需要开放的技术平台，还需要发自内心的共享精神，戛纳国际创意节对“可乐手”创意的肯定体现出对这种可贵精神的推崇，把品牌和产品的理念置于一个更加开阔的平台上，通过对生活和生命本身的体验，创造出超越产品和品牌的当代创意文化作品，不再局限于广告本身，而是用价值观念引导需要沟通的人。所谓社会化，正是让人深刻体会群体交往、文化圈子、价值取向的强大动力装置。可以说广告《可乐手》的创意内涵是社会化的，通过符号与色彩的组合形成了具体作品，可见虽然其执行的方式是传统的，但创意的角度却饱含了当代社交精神。

（三）搭起通向心智的桥

作品的精彩程度决定了其艺术高度，而传播效果决定了其商业价值，广告是广而告之的商业艺术，为人所知、为人所爱是对好作品的最大赞誉。基于接收效果的广告艺术必然要经受传播效果的考验，因而效果成为衡量广告《可乐手》是否优秀的重要指标。

对于广告效果的考察，一方面是其传播的“量”，即广告实际的传播广度，对目标群体的覆盖程度；另一方面是传播的“质”，即广告实际传播的深度，强调对目标群体心智的影响，这是广告对个人认知和行为产生的实在效用。关于传播的“量”，基于目标受众的生活习惯，应该尽可能覆盖其生活轨迹，增大接触广告的可能性。对户外广告效果“量”的考察目前还没有精准的测量方式，完全用经济效益来衡量广告效果也是不全面的。广告投放策略需要市场调研的配合和消费者洞察的帮助，是在资本运作下完成的复杂工程，在此不作详述。而关于广告传播的质量问题可以进一步分析，广告传播的“质”关乎广告对沟通目标群体心智的影响效用，对产品的实际销售和品牌的长远发展起着关键作用。广告能否顺利影响受众的心智至关重要，能否被理解以及是否被打动决定了广告传播的深度。

可口可乐“Open Happiness（快乐畅开）”全球营销活动自2009年开展以来，通过音乐等艺术形式打造了一个充满欢乐的王国。可口可乐已经不仅是那瓶红罐包装的褐色碳酸饮料，还是带给人快乐的社会交往象征物，这个时代，不仅要消费物品还要消费符号，符号消费的背后是审美取向和价值观念，使用什么物品在一定程度上反映了相应的社会文化。这不仅只表现在广告作品中，还表现在通过使用的物品开展社交上，通过消费方式来搭建人际关系正是千百年来人类重要的生活方式。可口可乐公司为什么花这么大的力气推出一个抽象的概念？因为他们不是只生产产品的小工匠。事实证明可口可乐的大价钱并未白花，单从2012年的戛纳国际创意节，作为广告主的可口可乐共收获了30个奖项，包含2项全场大奖，覆盖10个参奖类别，[①] 这是前所未有的惊人佳绩。

图2

图片来源：http：//www. jonmak. com/Coke-Hands

《可乐手》就是在可口可乐全球品牌营销策略规划中诞生的作品，作为“Open Happiness（快乐畅开）”全球营销活动的新环节，2012年4月初在上海投放，户外执行的范围包括整个城市的公车候车亭和各楼宇电梯间，作品旨在用最简单的方式向人们传达可口可乐积极分享喜悦和欢乐的态度。上海奥美携手香港理工大学的年轻设计师 Jonathan Mak Long 为可口可乐量身打造的户外广告开始进入大众视野，一时间在上海的街头充满可口可乐的魔力红色。

那么，“可乐手”的广告效果如何呢？

广告投放初始，互联网上就出现许多对广告作品《可乐手》的反馈信

---

① The coca-cola company. Best Year Ever：30 medals across 10 categories including 2 Grand Prixs [EB]. http：//www. thecoca-colacompanyatcannes. com/，2012－12－28.

息，网友 Richard 说："真是个精彩的广告啊，确实给人'哇'的瞬间，设计师的广告作品令人印象深刻。"网友 Chris 认为这是个"超级棒"的作品。Jamie S. 说："这个创意真的很巧妙，从设计中的几个简单元素就可以识别出来可口可乐的商标了！"① 观看者的反馈说明"可乐手"的创意能为普通人接受和理解，具有良好的受众接近性，进而具备与消费者的心智搭建桥梁的条件，可以说"可乐手"适合大多数人的胃口。广告的传播效果体现在受众的一片赞誉中，然而不可避免会出现一些疑问。网友 neale-gilhooley 说："确实是不错的想法，能够在嘈杂的环境中脱颖而出，但看起来是不是有点像两只手在争抢一瓶可乐?"② 疑问在所难免，对广告作品的解读也可以千差万别，我们应该尊重疑问和理解差异，但对作品本身的卓越程度不可否认。

"可乐手"的传播效果或许不能立竿见影，作品的成功体现在对目标人群心智的巧妙把握，不做只会放大音量的扬声器，而是在人们的心智中搭起一座桥，让他们走过来，走到品牌这边来，主动倾听品牌的声音，主动参与品牌的建设，这样的发展方向才是信息时代需要的。消费者和企业的地位改变了，两者更加平等地占有品牌，或许企业占有更多物质层面的品牌资产，但消费者对精神方面的占有绝对不可忽视，"果粉"对苹果的爱不会少于苹果的企业员工，甚至可能在他们之上。广告应该让人们自发爱上产品、爱上品牌。

（四）用世界的语言讲品牌的故事

作品《可乐手》的巧妙体现在不同于国别文字的视觉语言应用，这是它容易为人理解的重要原因。它可以被复制到世界各地去，给全世界的人传递分享快乐的理念，因为它的叙述方式是国际的。就像奥美中国首席创意长樊克明（Graham Fink）对它的评价："除了它显而易见的美丽，令人激动的还有它天生被赋予的国际性——我们期待通过它将欢笑带给世界上各个角落的人们，从上海到伊斯坦布尔，甚至是布宜诺斯艾利斯——而这个设计则完全不需要做任何改变。"③ 因为创作的语言普遍适用，"可乐手"

---

① The Users. Sharing a cock [EB]. http：//www. logodesignlove. com/sharing - a - coke，2012 - 04 - 19.

② The Users. Coca-Cola unveils its Coke Hands outdoor ad campaign in Shanghai with Ogilvy & Mather Advertising [EB]. http：//www. thedrum. com/news/2012/04/18，2012 - 04 - 18.

③ Editor：Damnguy. 可口可乐新设计邀请中国消费者传递可乐分享精神 [EB]. http：//www. damndigital. com/archives/55001，2012 - 04 - 19.

的传播范围就不会局限于上海或是中国，它能利用自身的视觉语言给全世界的人们讲述可口可乐的品牌精神，这样优质的先天条件大大增强了传播的效力，有利于后期传播范围的扩大。可以说，“可乐手”的效果具有广泛性和普适性，正因为这样难能可贵的品质才把它带上了世界大奖的舞台。

作品《可乐手》本身既是热情洋溢的，又是沉稳洗练的，给人安定的愉悦感和成熟的趣味，精炼而不木讷，动感而不喧哗，是“功力深厚”的作品。在2012年的Spikes Asia亚洲广告节上，《可乐手》又传捷报，赢取了户外单元、平面和海报单元的两项全场大奖以及户外单元、平面单元金奖。戛纳归来又获殊荣是对该作品的双重肯定。可以说可口可乐公司“Open Happiness（快乐畅开）”全球营销活动成功地参与了这个时代的精神创建，《可乐手》等广告作品的屡屡获奖恰好说明了这一点。互联网时代提倡开放的心境和分享的行为，《可乐手》的创意契合了当代社会的发展要求，反映着数字化时代广告的发展趋势，作品本身就是这个时代最好的印证。

三、除了广告，还做什么

广告经过这么多年的发展，早已不是叫卖产品的卖货郎形象。这个时代，物逐渐被人格化，符号的消费被赋予重要意义。社会化媒体把兴趣偏好和文化圈子作为交往的取向标准，使用的物品和使用的方式不仅反映出人们的消费习惯，还折射出人们的精神追求，社交中使用何物以及如何使用变成身份表达的一部分。购买行为既包含对物质的占有，又体现对物质品格的喜爱，广告也超越宣传占有物质的形式，转向更广阔的舞台。把消费变成社会文化的一部分，变成人精神的一部分，广告在社会化媒体时代大有作为。好的广告作品势必也兼有社会导向的功能，让人们谈论一个广告、一个活动或一个创意，就像谈论一个社会问题一样，广告要渗透进生活的血液里才算成功。

像《可乐手》这样的广告作品，不在产品的功能效用上多费口舌，而是传递一个信念、一种态度，提供话题并且让人思考，显示出品牌在商业利益之外的真情实意，激发人们更深的爱意和敬意。说《可乐手》是一个创新的广告不是因为它另辟蹊径走了极简路线，而是它面对社会化和数字化浪潮所体现的前瞻性，创意的实践需要一个高瞻远瞩的广告主，需要一个审时度势的广告公司，没有资金的支持和整体策划的配合，创意只能是想法而不能落到实处。《可乐手》的成功得益于它身后广告公司和广告主的开明态度和英明决断，不是任何品牌都能采纳一个年仅20岁的年轻人的创意，也不是任何一个广告公司都敢重用编制外的在校大学生。所以说，“可乐手”的创意从设计走向实践经历了一个社会化的运作流程。关于作品的诞生，可口可乐亚太区创意及内容总监Stephen Drummond说：“这是个令人欢欣鼓舞的故事，一个年仅20岁的仍在设计学校念书的香港设计师完成了这个平面的设计。这是一个特别的案例，作为一家公司，我们学到了不仅仅要去拥抱现有的内容，更要积极地从所有的资源中创造和培养新的内容。”[①] 作为历史超过一个世纪的老品牌，可口可乐有这般态度实在难能可贵，因为不是所有的百年老品牌都有如此开放的心态来接受新生内容，也不是所有的成熟品牌都敢于创造新的品牌内涵。

戛纳颁奖结束后，奥美中国首席创意长樊克明（Graham Fink）激动地说：“作品背后的故事其实更为精彩，在这个世界，你需要打开思路并且把整个世界作为你的创意部门！”[②] 利用整个世界的力量来发掘创意，开放性地吸收新观点，这种想法本身就是社会化的，不仅局限在创意部门的有限员工，而是放眼全社会，找到适合的资源并为我所用，《可乐手》的成功展示了一种新的工作方法。当今信息社会的就业形势和工作方法逐渐发生了转变，雇佣关系变得灵活多样，SOHO（Small Office Home Office）族的出现不是办公地点的简单改变，雇员不再紧紧依附于公司会社，而是以更松散自由的方式进行组合，自由劳动者将会变得更多。当代的网络繁荣发展，拓宽了资源方和需求方的视野，这无疑会加剧社会的竞争强度，但能增加资源利用的效率和效果。[③] 早在20世纪90年代，曼纽尔·卡斯特（Mannel Castells）就强调了信息时代的到来，网络化组织以及弹性工作者的概念被今天的发展实际所证实。劳动过程中的个体化是公司或组织全球寻找劳动力资源的结果，劳动者不依赖于固定的组织关系，但最终创作的品质却反而得到提高。传统的公司善于培养人才和创造信息，信息时代是不是应该把眼光放宽些，多一些发掘人才和管理信息的考虑呢？杰米·舒

---

① Editor：Damnguy. 可口可乐新设计邀请中国消费者传递可乐分享精神［EB］. http：//www.damndigital.com/archives/55001，2012－04－19.

② Alan Ge. 2012戛纳广告节大中华区的骄傲：上海奥美“可乐手”［EB］. http：//www.cnadtop.com/news/adOwner/2012/4/19/，2012－06－27.

③ ［美］曼纽尔·卡斯特. 网络社会的崛起［M］. 夏铸九，王志弘等译. 北京：社会科学文献出版社，2003.248～249.

尔茨（Jaime Cohen Szulc）说了："我们不再掌控信息，我们管理对话。"①

因设计纪念乔布斯的LOGO而名声大噪的年轻设计师Jonathan Mak Long通过"可乐手"向人们传递分享的喜悦，上海奥美公司把世界作为创意部门引入新鲜血液，向世界传递"Open Happiness（快乐畅开）"的可口可乐公司接纳了这个大胆极简的创意，"可乐手"的诞生就是社会化良性运作的结果，以开放的心态迎四方宾朋，用分享的姿态传万千感动，从创意角度到工作形式都饱含社会化精神，"可乐手"给人带来了太多惊喜。这个时代需要开放的心态和分享的精神，"可乐手"热情地向大家传递并实践了这个美好的信念。

广告人做广告，从创意到执行，从传统方式到跨界营销，在艺术和商业间权衡，和商业文明一起点缀世界。而广告人做的不应该仅仅只是广告，就像美国前总统克林顿2012年在戛纳研讨会上的期许："我期望你们可以思考的不仅仅是你们如何做得更好，而且要思考如何帮助建立一个可以分享财富、分担责任的世界。"②

每个人都加入这场关于分享的思考，该是多可爱的世界。广告的未来亦会在这场思考中闪耀着令人心驰神往的光芒。

---

① Brian Morrissey，Eleftheria Parpis，Barbara Lippert. 2010戛纳国际广告节特别报道：广告界为新媒体时代重新武装［J］. 许杨晶晶译. 成功营销，2010（8）：77～84.

② 中国广告编辑部. 他们推荐的戛纳研讨会——全球广告新观点［J］. 中国广告，2012（10）：70～79.

【亚洲户外传播大奖金奖】

顺水行舟快，借风扬帆远

—— Dip Dip Nuggets（麦当劳）户外装置广告赏析

广告的创新从未停止过，也从来都不止于内容的创新。

无论是自然的还是人工的，创意中巧妙的结合总是能够让人惊叹。这种巧妙在于天衣无缝，舒服而不僵硬。每天处于各种信息特别是广告信息的包围之中，人们的厌恶情绪是显而易见的。看的人反映广告越来越无孔不入，做的人感叹广告越来越难吸引眼球。大创意是必要的，却不是完全充分的。但是，仍会有个别作品，能够脱颖而出。就如同 Dip Dip Nuggets（麦当劳）户外装置广告。

一、先睹为快

我们先来看一下 Dip Dip Nuggets（麦当劳）户外装置广告究竟是怎样的：

类型：户外广告。

（续上图）

广告内容：

广告名称：Dip Dip Nuggets ①

品牌：麦当劳

所获奖项："2012 亚洲户外传播大奖"主题表现类金奖

创作单位：Leo Burnett（中国）

Dip Dip Nuggets 广告表现：

平面左侧为参赛作品说明：

McDonald—Dip Dip Nugget	麦当劳—蘸蘸炸鸡块
McDonald's asked us to create buzz for Chicken Nuggets	麦当劳委托我们为其炸鸡块进行造势
Our solution was to remind people about the taste anticipation	我们的解决方案是提醒人们预期的口味
We did this at China's busiest shopping mall	我们在中国最繁华的购物中心实施了此方案

图 1

二、深度观察

这则 Dip Dip Nuggets（麦当劳）户外装置广告的品牌标识"M"是我们都很熟悉的，但许多人不一定知道它的品牌历史。

麦当劳创立后最早把目标消费者集中在司机和上班族身上②，其创造初期是为了满足行驶在路上的司机和从郊区到城市上班一族的需求。二者的工作属性决定了他们无法停留下来用餐，而是需要快捷、可携带及物美价廉的食品。把握住了这点，麦当劳把自己定位为快速食品，服务快速、携带便捷，且以醒目的标识提醒行人注意。因此受到人们青睐而大获成功。

---

① WELOVEAD：http：//www. welovead. com/en/works/details/c87Cmluw.

② 丁红．现代广告案例分析［M］．北京：清华大学出版社，2012. 109～110.

随着市场的发展，产品同质化严重，竞争日趋激烈，消费者中心主义理念的逐渐确立。为了与同行业竞争对手进行区分，麦当劳改变原有定位，从销售快餐变成销售快乐。麦当劳的创始人曾经说过，麦当劳不是餐饮业而是娱乐业，提倡快乐用餐的理念。因此，这一阶段，快乐、温馨成为麦当劳的内涵。麦当劳主要以儿童为诉求对象，强调“更多选择，更多欢笑，尽在麦当劳”，并为此做了很多经典的广告作品。再后来，广告语演变为“常常欢笑，尝尝麦当劳”。

在经过了数十年的成功之后，麦当劳遭遇了一个品牌长期发展均会遇到的问题：品牌老化。消费者特别是年轻一族会认为品牌越来越没有新意、老旧，这无疑严重影响了品牌的发展。为了突破瓶颈，麦当劳在全球发动了一场“我就喜欢”的品牌化战役，对象是23～35岁的年轻人。针对年轻一族的特点和爱好，将宣传推广集中在“酷”、“自己做主”等被年轻人推崇的理念上。通过一系列的活动，为品牌注入了更多时尚、年轻的元素。一直发展至今的广告语“I'm loving it”，使得“张扬自我、永远年轻”成为麦当劳新的定位，并且，该广告语“我就喜欢”获得了消费者的一致认可，赢得了青年消费者的喜爱。

（一）广告发布：小媒体，高姿态

Dip Dip Nuggets（麦当劳）户外装置广告的创作及发布：

前图的平面是参赛作品形式，其中右侧是Dip Dip Nuggets（麦当劳）户外装置广告的表现，左侧文字则是创作公司Leo Burnett（李奥贝纳）关于广告参赛作品的文字说明。

Dip Dip Nuggets（麦当劳）广告由李奥贝纳创作，并于2010年9月发布投放。就如同它文案中所说的那样：麦当劳邀请我们为炸鸡块进行宣传，我们的解决办法就是向人们提醒它预期的美味，并且，我们在中国最繁华的商场将这一想法付诸实施。

这是对创作过程及结果的简要描述。针对广泛的消费者，为了给炸鸡块进行一个人们印象深刻的推广，李奥贝纳选择了以预期的口味来使人们产生期待，并通过动态的、人们每天接触却意想不到的方式（商场传送电梯）来传达。无疑，作为户外推广，该广告取得了预期的巨大成功。

（二）广告巧妙之处：因地制宜

户外广告有其自身的特点，户外广告创意也有其区别于其他形式广告创作的独特要求，其中，户外广告创意设计的原则之一就是文字要少，主要靠画面来传递信息。因为人的流动性，停留的短暂性决定了人们不会去关注很多的文字内容。

随着科技应用和创意理念的发展，户外广告在创意表现上出现新的特点①：

第一是互动性。在数字媒体时代，互动成为网络、手机等新媒体的基本特征，受众的参与意识被激发出来，户外广告创意设计也越来越多地融进了互动的内容。

第二是体验性。体验经济时代，体验成为一种新的价值源泉，人们开始由对物的需求转向对于情感和自我实现的精神需求。加入体验因素的户外广告，就是希望广大受众能够从以体验为价值诉求的广告作品中充分地感知广告带给他们的独特感受。

第三是景观性。发布位置的特殊性使户外广告成为构成城市景观的一个重要组成部分，城市景观是城市中各种视觉事物及事件与周围空间相互关联的视觉艺术。户外广告的景观化特点，一方面使户外广告可以深入受众的生活空间，在投放地点上有更多的选择；另一方面，在创意上也可以不拘一格，因情就景，把人们生活中的场景、氛围纳入广告创意之中。

第四是新技术应用的普遍性。高新技术的运用改变了传统户外广告设计相对单一的产品形式和表现形式，户外媒体可以使用的创意手段和技术手段越来越丰富。同时，新技术的运用是户外广告行业发展的一个重要方向。

一则成功的广告总是遵从了一定的原则，迎合了必要的创作要求的广告才会取得预期的效果。我们来看一下麦当劳这则户外广告所体现的策略原则：

（1）Dip Dip Nuggets（麦当劳）诉求策略。

Dip Dip Nuggets（麦当劳）户外装置广告中，创作者没有运用“产品原料如何优质、制作过程如何精良”等语言来进行理性说服，亦没有找明星来代言传递享用产品的美好感受这样的感性引导，而是抓住了 Nuggets 作为一种食品最本质的东西：口味。

只有一部分人会对品尝过的口味念念不忘，大部分人却会对没有品尝过、却被人告知如何美好的口味充满向往。该广告就是抓住了这一特性，

① 职秀梅，周波. 新时期户外广告创意特点及传播方式的转变［J］. 郑州轻工业学院学报，2009（4）.

拿大家都熟悉的炸鸡块，通过其蘸着各种美味的酱汁享用的情景，向观众展示了预期的口感，以便能够勾起人们的食欲和好奇心，使人“蠢蠢欲动”。

（2）Dip Dip Nuggets（麦当劳）表现策略。

该广告最大的特点是景观设置与环境的巧妙融合。户外表现的第一步是地点的选择。由于 Nuggets 面向广大消费者的特性，以及广泛传达的传播要求，就到达率和人流量来说，商场无疑是一个非常合适的选择。第二步是在商场中将其置于何处的问题。户外广告本身就是一种景观，效果好坏就看景观是否做得到位和精良。该广告借助了平常人们再熟悉不过的设施：电梯。原本单调的电梯在创意作用之下表现了艺术与商业的完美结合。简单、生动，不仅没有对环境造成额外的负担，反而使人眼前一亮，由衷赞叹。从而使人愿意去看甚至仔细观察、热烈讨论一番。这样，户外传达的效果便达到了。

（3）Dip Dip Nuggets（麦当劳）媒介策略。

在今天传统媒体已被过度开发的时代，户外广告媒体的形式也不再仅仅限于路牌、招贴、车体、灯箱这些常见的方式，而是更多地被扩展为所有可以利用的方式。任何适合承载广告的位置，均可以成为户外媒介。同时，一个常用的户外媒介也会开发出新的使用方式。目前，就商厦外的墙体而言，已开发出“轨道式”上下滑行的新广告形式。

在这里，创作者很好地抓住了食用炸鸡块的动作与电梯上下运行的相似之处，并在底部放上美味的酱汁，巧妙地呈现了一种场景：在麦当劳品尝炸鸡块。

由于户外媒介更便于人们接触，其体验性的要求相应地会高于其他媒介。同时，一旦某种户外广告形式能够很好地展现出消费者的体验，它将达到预想不到的效果。对于进入商城的消费者来说，Nuggets 广告尽在眼前且触手可及。它动态的变化，直观而生动地展现了食用炸鸡块的动作，而它蘸酱的方式，更是勾起了人们的食欲，使人恨不得立即体验。

（三）广告成功原理：大道至简

做好基本功，把握大趋势，清楚明白地说到消费者心里，便是成功的广告。前面提到，户外广告创意设计的原则之一就是文字要少，主要靠画面来传递信息，从内容到形式都要简单且易懂、易记。在这里，麦当劳仅通过两个步骤的把握，就成功地抓住了户外广告“至简”的精髓。

（1）做好消费者洞察：夯实基础。

当4C 理论早已成为营销基础，“以消费者为中心”早已作为指南深入人心，这些理论与经验早已为一般人所熟知，在大家的大方向都正确的时候，能否把广告做得精准深入，就成了能否成功的决定因素。

那么，消费者是谁？他想要的是什么呢？对于麦当劳 Nuggets 产品来说，它的消费者大多为年轻人。这些年轻人想要什么？显然不是广告，不是成串的信息，他们要的是有趣、有用、有意思的信息和表达。

在需求层次上，人们早已不再停留于生理和生存的需要。而年轻人则会走在更前沿，他们要的往往不是产品本身，而是产品之外的东西。人不只作为消费者而存在，更是作为社会人群而存在，而社会人群受到情感和无意识的影响相当大。

“不要告诉我它是什么做的，比其他品牌好多少，我想知道的是一些新的，一些不同。”麦当劳 Nuggets 户外装置广告，无疑是契合了消费者的要求的。不得不承认的是，很多人都想避开广告。所以，必须去发掘消费者无法避开甚至是不愿避开的方式。一个广告真的贴近消费者的心理倾向和潜意识要求，消费者便会去注意和记住它。

（2）创造神在物外：简单不单薄。

一则成功的广告，它所传达的信息，或者说促使它成功的因素，往往不只是创作者的意图和对一些理论原则的符合。更重要的是，它能否达到一些本身不曾预想的效果。

传神之一：简洁

每个时代都有它自己的特征和要求。曾经，繁复也是一个时代的标志。在那个崇尚手工和勤劳的时代，宏大、繁复、精细代表了一种能力，但显然时代已经变化。现在的人们，只是偶尔欣赏赞叹一下需要花费很长时间去解读的宏大场景。

如今，人们没有时间也没有空间去梳理繁华，我们被各种信息和媒介包围着，接触到的多是只言片语，无法去详加分析。所以，最奏效的便是简洁，最好是以一句话或让人看一眼便能明白你说的或表达的是什么。

传神之二：生动

这个社会早已不再那么轻松，不可以每天喝喝茶赏赏花，每一天里每一个人几乎都被挟裹着向前。长此以往，人疲惫的不只是身体，还有感情和心灵。“你幸福吗？”本只是一句简单的问话，为何多数人听后给出的是无奈的表情和回答呢？也许并不是不幸福，只是在这个忙碌的世界，你已没有时间思考自己是否幸福。压抑和冷漠之下，人总是趋向于寻找一些轻松的东西，让自己放松一下。严肃的面孔大多是不讨人喜欢的，但轻松的氛围永远是人们所期盼的。那么，麦当劳 Nuggets 户外装置广告有让你感到有压力么？还是，挺生动愉悦的呢？

传神之三：快速

麦当劳本身是一种快消品，就像当今社会是一个快速运转的世界一样。我们快速地记忆，又快速地忘记。有人说今天的社会不是“大鱼吃小鱼”，而是“快鱼吃慢鱼”，这是一个速度至上的时代。在商场中购物，能看到广告的人们只是走过电梯，几步的时间而已，广告能否在几秒的时间内让消费者看懂，直接关系到他是否会停下来观看或者是否能记住。快速传达的不只是简单的内容、生动的形式，而是二者的配合加上人们对场景的体验，以及对他们所有感官机能的冲击和调动，才能真正达到快速传播的目的。

传神之四：社会认同

作为群体性生物，人总是通过在社会上寻求共同意见来达到整体身份认同的效果。简单来说，一个人可以影响另一个人对某事物的态度。在商场中购物的人群，多是结伴而行的。一个人对此广告作出积极反应，喜欢或赞赏等都能够影响周围的人，甚至由此引起讨论和吸引注意。封闭而可停留的环境，无疑给麦当劳 Nuggets 户外装置广告一个稳定而可靠的获得认同的空间。

传神之五：欣赏

一个好的创意总能获得人们的赞叹和欣赏。这种赞叹和欣赏其实来自于人对人类整体的认同感和自豪感。人们常会发出“人原来可以创造出这样神奇的东西”的感慨，就如同“月球一小步，人类一大步”的名言。当然，一个广告还上升不到那样的高度，但是道理是一样的。一种由衷的赞叹，不是对广告直观效果的最好反应么？

总之，对感性的人来说，事物对其情感变化的影响不能只用数据和理论来衡量，真正起到深远影响的，往往是使人心智发生变化的东西。

（四）同类经典广告拓展

（1）品牌经典户外广告回顾。

欣赏过 Dip Dip Nuggets（麦当劳）这幅令人赞叹的广告作品，不由得想起麦当劳一直与国际知名广告公司合作，在其品牌和产品广告历史上创作出了多幅为人称赞且效果良好的户外广告，让我们来回顾一些经典作品①。

图2

该广告是麦当劳土豆条的户外墙体广告。运用了灯光效果和红、黄两种明亮标准色。图2中，上凸弧度酷似土豆条包装袋的红色巨幅广告牌上（如上图所示），是麦当劳醒目的标志“M”。而黄色的灯束就如同新鲜的炸土豆条。二者明亮而巧妙地结合在黑色的夜幕下，想要人不注意都难。

① 顶尖文案：http：//news. topys. cn/article/maidanglaoenzenmeshuonelianlaotiandubangwomen-6815-1. html.

图 3

市场的发展与成熟让快餐行业面临激烈的竞争，如何招徕顾客是成功的第一步。图 3 为麦当劳炸薯条的人行横道户外广告。将露出的薯条做成人行道，而每个必须从上面踏过的人，红黄两色都会冲击着他们的视觉神经。这是一个麦当劳实体店门外马路上的人行道，从上边走过的你，是不是很想进入店里呢?

户外广告总会给人意外的惊喜。如果你不确定自己哪个时刻要吃什么，那么麦当劳的“时间”会告诉你。图 4（见下页）中，麦当劳店面上方的巨型广告牌和巧妙地运用阳光照射下的投影，向行人传达了具体某个时刻您应该进来享用何种美食的信息。而且，麦当劳无时无刻不在传播它的“M”标识。这幅广告的位置、面积、颜色和创意，无一不让人远远就开始了对其的关注。

在这则户外广告中，广告对自然的巧妙借用令人叹服。在户外广告中，整个大的环境都是可以利用的，风、光线、云、气味甚至黑暗等。而更多的时候，环境往往是复杂的，创意是有限的，执行也是困难的。真正能将户外广告做得如此精妙，无疑是抓住了户外广告的精髓了。

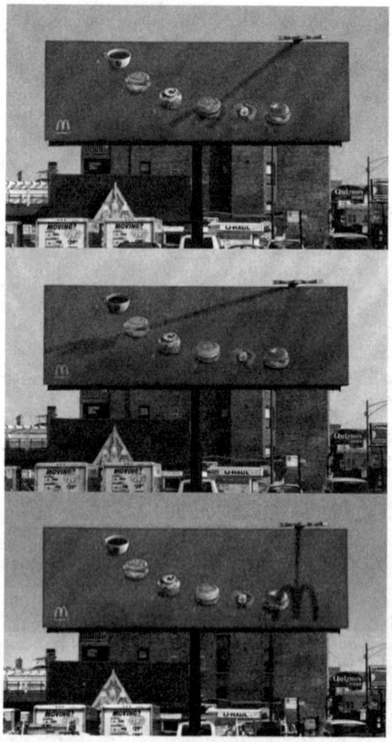
图4

（2）英雄所见略同之奥利奥电梯广告。

几年前奥利奥品牌做过一次户外广告，形式是将大块的奥利奥饼干镶嵌在观赏电梯上，底部放置一只玻璃的牛奶杯，随着电梯的升降，饼干会蘸上牛奶再离开。这样的动态图画，展示了奥利奥传承百年的独特的食用方法，直观而有效。

两个广告运用了极其相似的创意和表现手法，但表现的内容有所差异。奥利奥广告通过对百年传承的“泡一下”食用方式的展示，最终想要表达其独一无二的品牌形象和无法复制的品牌个性。而 Dip Dip Nuggets（麦当劳）的户外装置广告则通过“蘸一蘸炸鸡”与“下降的炸鸡”这样的双关，来与情景设置吻合，同时用来表现食用场景，预设美味享受，给人以情景设定与想象。

无疑，户外广告的表现方式必须与产品特点相符才能发挥足够的效用，达到预期的目的。Dip Dip Nuggets（麦当劳）户外装置广告和奥利奥电梯广告二者都恰好抓住了符合其产品和品牌特性的方式，因此能够获得成功。

总之，想要在户外广告中出彩，不仅要在简洁、快速传达等必要条件的基础上做好，更重要的是要与环境相契合，融入周围环境，给受众以直观体验，以此来进行主题的巧妙传达。

【艾菲奖香港地区金奖】

鸡的启示：由摇滚到歌剧

——2011“肯德基”创意体验营销传播案

《鸡的启示：由摇滚到歌剧》是2012中国艾菲（香港地区）获奖得分最高的金奖案例。这是一个很有代表性的跨媒体传播广告案例；它通过由电视广告到网络视频再到由消费者自己创造视频的转变，使品牌与消费者之间得到了很好的互动，极具体验价值，与其说这是一次广告推广活动，不如说这是一次传统媒体与网络媒体的跨界互动。

一、香港餐饮业的市场概况

（一）香港餐饮业概况

中西料理荟萃的香港，素有“亚洲美食之都”的美誉，餐饮市场竞争激烈。香港作为一个重要的港口城市，面积只有1 000平方公里，却拥有15 000多家大大小小的餐厅，调查数据显示，2011年香港有港式快餐店约6 500间，中式酒楼约2 300家，整个餐饮营业额达900亿港元。香港的餐饮业的竞争可以说是非常激烈的，而要吸引挑剔的香港食客，对于包括肯德基在内的每一个餐饮业来说都是一个极大的挑战。

（二）肯德基（香港）公司概况

肯德基目前在香港本地建立了超过70家分店，拥有三千名员工，每月招待逾三百万名顾客；并以家乡鸡、香辣脆鸡、蜜蜜烧鸡翼、五星巴辣鸡腿包、辣汁蘑菇香饭以及马嘉烈葡挞最受香港顾客欢迎。①

（三）肯德基的新产品

2011年，肯德基在香港推出了它们的新产品：日本口味鸡类产品，名

---

① 肯德基（香港）官方网站.

叫壶物火鸟。肯德基的目标是通过吸引重度消费者重复购买，以达到3%的年增长率。而这款产品，则是肯德基香港公司此阶段重点推广的产品。希望通过有效的广告和营销推广，吸引重度消费者的重复购买，从而达到一个可观的营业增长。

二、“鸡的启示”：挑战与创意的融合

如何对肯德基这款新产品进行宣传推广成为重要问题。首先，对这款新产品推广面临的最大问题是：“什么是壶物火鸟？”对此没有确切的描述，信息非常少，配方也是一个谜，它更没有直接的翻译（即从英语翻译到汉语），所以，要定义这款新产品，找出其独特之处，是一件十分困难的事情。另外一个问题则在于，在如今信息爆炸的时代，消费者很少通过单一描述而注意并且尝试一款新产品，更不要说重复购买。需要让消费者注意到这款新产品，并且尝试去了解它，到最后愿意去肯德基餐厅购买品尝，必然需要富有创意的表现方式。首先，根据壶物火鸟信息量非常少，其味道难以定义这一特性，强调其神秘性。因此广告选择不直接告诉人们壶物火鸟的复杂味道，而是通过吃了壶物火鸟以后产生的想象画面来诱使观众自己去探索和诠释其味道。广告对壶物火鸟味道的定义是：“难以形容的味道。”

图1

（一）电视广告与网络视频的跨媒介合作

首先，利用了电视广告来激起人们对壶物火鸟神秘味道的兴趣。电视广告影视脚本如下：

编号	画面	声音
1	画面中是一个具有日本人特征的男人用毛笔竖着写道："名古屋，壶物火鸟"	旁白：KFC 壶物火鸟
2	碟子上装着普通鸡腿，画面转向装着酱汁的碟子，刷子蘸酱刷上鸡腿，并撒上了芝麻	旁白：脆嫩鸡腿，火拼名古屋壶物酱汁，加埋芝麻
3	一个女生用手拿起碟子上的鸡腿，看着	女生：讲了那么久，那是什么味道呢
4	一个男生拿着鸡腿咬了一口，画面出现了一个穿着和服的花脸男子开始摇滚	从日本音乐转到摇滚音乐
5	富士山背景，出现肯德基 LOGO 和广告语"'味'试过，讲唔出！"	旁白：未试过，讲唔出

整个文案以及其影视脚本只突出了一点，即"试过才知道"，主要是为了引起观众对壶物火鸟味道的兴趣，它是神秘的，只有试过以后才能知道。这是整个推广的第一步，通过画面感极强的电视广告引起消费者的兴趣。

接着，着手第二步，即把电视广告推广到网络世界。首先是选取网络媒体，经过选择，广告公司选择的是香港年轻人经常访问的 YouTube 频道，选择 YouTube 的原因：第一是 YouTube 是香港年轻人访问量最大的视频网站；第二是 YouTube 作为世界最大的视频网站之一，它的视频资源是十分丰富的，这对整个推广所要进行的互动式营销非常有好处。

肯德基通过一则互动视频来激发大家对壶物火鸟味道的想象。具体做法是先把电视广告的视频放到网上，再让网友对其结尾进行加工，即以画面中男孩咬下去以后出现的想象画面为创意点，鼓励网友对想象内容进行加工，加入自己的视频。如图 2：

图2

于是，这个广告就有了成百上千个不同版本的结局，不仅增加了趣味性，也加入了与网友的互动，使其不再是一个单调的视频，而是一个类似于互动游戏的视频，使其能在短时间内形成传播热潮。

然后再从所有经过网友或者公司加工的视频素材里，挑选了68个风格迥异的视频片段来作为此视频最后的结局。同时利用注释技术，当网友选择不同关键词的时候，壶物火鸟的神秘味道就以不同的形式表现出来。这正符合广告主题“鸡的启示——由摇滚到歌剧”，吃过鸡腿，可以有摇滚的感觉，也可以有歌剧的感觉，跨度之大正说明了大家对味道的不同阐释，而这些风格迥异的视频短片，则是对壶物火鸟味道最生动的阐释。当观众看过越多的视频，参与到越多的视频互动中时，对壶物火鸟的味道也就越好奇。最后达到广告推广所希望的一个结论“‘味’试过，讲唔出”(即无法言喻的味道，试过才知道)。

在此基础上，整个推广活动还结合了其他线上媒体。首先是搜索引擎，即在搜索热词中，壶物火鸟会频繁地出现；还有论坛，论坛的转发和人气都很重要，从YouTube上转载过来的视频以及软文都能起到传播作用；最后是维基百科，壶物火鸟的解释将被丰富。结合以上这些线上媒体，使得视频在网络上迅速地蔓延开来，形成了网络热潮。

（二）令人惊叹的传播效果

经过一周这样的推广，壶物火鸟视频在Facebook上出现的次数已经累计超过了20多万次。而在YouTube上，一星期的浏览次数更是超过了30 000次。而其间被转载和二次传播的次数更是不计其数，肯德基的品牌关注度也得到了前所未有的提高。

同时，推广活动更激起了网民的恶搞热潮，而此时品牌也达到了预期的目标。品牌区分度由原来的45%上升到53%；品牌亲和力也由原来的36%提高到了42%。

而在实际经营效益方面，广告推广期间，更多的重度消费者频繁地光顾肯德基餐厅，光顾频率上升了7个百分点。经过5个星期的营销推广，壶物火鸟为肯德基成功地带来了巨大的市场回报——1 340万美元的销售额，11%的收益率。广告仅仅采用了电视一种收费媒体，而在网络上的传播，完全是免费的，而且在网络上的传播速度极其迅猛，总体达到了33.9倍的媒体回报率；从曝光率上看，它在人们所接触到的网络媒体中，不论是博客、网络视频、社交网站、论坛等，都处于曝光前十的位置。以上这一切，都使此次广告推广活动成为香港肯德基历史上最成功的新产品推广活动。

三、“鸡的启示”给我们的启示

《鸡的启示：由摇滚到歌剧》这一案例，给我们带来了怎样的“启示”呢？

（一）从商品的独特销售主张到引起消费者注意

独特销售主张理论的内涵包括：其一，一则广告必须向消费者明确陈述一个消费主张；其二，这一主张必须是独特的，或者是其他同类产品宣传不曾提出或者表现过的；其三，这一主张须对消费者具有强大吸引力和推动力①。虽然这一理论是在六十多年前提出的，但是对于广告来说，特别是食品类具有较强功能性的广告来说，一个独特的销售主张是十分必要的。而在此广告中，最重要的一点就是提出独特的销售主张，即“‘味’试过，讲唔出”。这一点，正是与其新产品契合的，无资料、无配方、无翻译，神秘的味道。对于整个广告来说，味道的神秘性是贯穿始终的。

美国人迈克尔·戈德海伯（Michael H. Goldhaber）于1997年在美国发表了一篇题为“注意力购买者”的文章。他认为在一种经济形态中，最重要的资源既不是传统意义上的货币资本，也不是信息本身，而是注意力。这就是最早的建立在网络新媒体基础上的“注意力经济”的概念。广

① ［美］罗瑟·瑞夫斯．实效的广告［M］．张冰梅译．呼和浩特：内蒙古人民出版社，1999.

告中，不断进行新颖的创意，以及使用不断突破的表现手法，首要的目的仍然是为了能够引起目标受众的注意，增加受众对品牌的认知度。如果要使产品信息得到迅速而有效的传播，就必须能够吸引受众的眼球，引起他们的注意和讨论。在这则电视广告中，没有一个字是对味道正面的诠释，只是通过描述其配方（如鸡腿、汁、芝麻），提出疑问（到底是什么味道），最后亮出主张：没试过，讲不出来。这一系列悬念的设置都引起了消费者的注意。可以说，注意构成了有效传播的关键，其最终目的是指向理解，即让消费者去主动了解商品。

（二）网络视频广告的病毒式传播

病毒营销（Viral Marketing），作为一种常用的网络营销方法，是指通过用户的口碑宣传网络，借助于互联网，利用快速复制的方式将有利于企业的营销信息像病毒一样传递给他人，使之在曝光率和影响力上获得几何级增长的一种营销推广策略。

网络视频广告是伴随着互联网技术的发展而产生的一种新型的网络广告形式，它结合了网络与电视媒体的特点：传播范围广泛，不受时空的限制，可以全天全球传播；采用了视频流或音频流技术，结合 Flash，Java 等程序，形式多样，具备生动的表现力，具有强烈的视听冲击。视频广告的交互性可以帮助受众进行网络体验并且自行控制全过程。

本案例正是两者结合的产物，从选择上传到 YouTube 开始，整个传播都是为了病毒式传播做准备，视频具有趣味性和易于参与的特点，使其能吸引年轻人点击并分享，从而能够达到二次传播乃至 N 次传播的目的。从 YouTube 一周的浏览总量就可知视频的传播速度是超乎想象的。这无疑是一次成功的传播，不仅仅因为其视频本身的内容，更多是消费者愿意参与制作视频内容，使它不再仅仅是一则广告，而是一个由网民自己创造、分享的视频，对于消费者来说，他们会主动去搜索并且接受这一类视频，而不是广告商的强制播放。

网络视频广告的病毒式传播可以说是人际传播的一次回归。人际传播也称人际交流，它指个人之间的信息传播活动，是社会生活中最直观、最常见、最丰富的传播现象。虽然是最基本的传播手段，但由于传播速度太慢，传播的范围较小，内容不容易保存和传播过程中容易出现“噪音”等原因，并不能满足人们对信息传播的需要，因此并未能够引起广泛的关注。互联网的出现，打破了大众传播单向传递的模式，建立起双向互动的传播方式。随着受众在网络媒介话语权的实现，Web2.0 所带来的技术应用以及人际传播成本的大幅下降，传播效率则随之大幅提升。网络中的人际传播重新回到学者们的研究视野中。病毒式网络视频广告正是基于这种口耳相传的人际传播方式产生的。加上如今互联网通讯的便利性，人际传播的回归，无疑为病毒式网络视频广告的传播提供了更为广阔的传播渠道。

（三）互动式的视频，由消费者自己创造内容

不管怎么说，当今还是一个内容为王的时代。一个电视广告的好坏完全由受众的喜好来决定，而受众决定的标准又是什么，是广告的内容，是广告的创意，是这个广告能否吸引和打动消费者。而作为病毒式网络视频广告这种依托于网络平台、继承了传统电视广告优势的新广告形式，广告内容的好坏更是决定了广告传播的效果。

如今，也许不再是广告主决定内容的时代了，而是消费者决定内容。在本案例中，一个简单的十多秒的广告为何可以如此广泛地传播，重要的一点是它的内容是由消费者挑选和创造的。它所选的网络媒体 YouTube 是一个可以由网友自行上传视频和分享视频的网络平台，经由这样一个平台，可以获得成百上千的视频资源来为己所用。广告通过最后的开放性结尾“壶物火鸟，尝起来像……”以鼓励网友自己制作视频，以配合结局。可以说，广告最重要那部分内容是由消费者自己创造和分享的。这样的视频，具有幽默、互动和易于分享的特点。同时，此视频被网民疯狂恶搞。在网络时代，“恶搞”是品牌曝光率的另一个代名词，是一种吸引注意力的方式，也是消费者参与的一种体现。只有通过消费者参与，才能使前期吸引的大量注意力转化为消费者对产品或品牌的理解，进而达到消费者对产品或品牌的接受并形成购买行为。

（四）跨媒体传播的力量

“跨媒体传播”一词产生于互联网出现以后，互联网的逐渐发展与成熟，使得传统媒体由原来的白热化竞争转向相互借鉴、相互合作，出现了前所未有的跨媒体交互传播的局面，甚至还出现了传统媒体与新媒体合并的现象，有学者把这种现象称之为“跨媒体传播”。跨媒体传播强调的是有效地引导消费者通过多种媒介来了解商品和品牌，体现了数字化时代受众的强大能动性。

在本案例中，跨媒体传播的手法可以说是运用得相当好的。电通广告

公司认为跨媒体传播策略对话题少、关注度低的品牌更有效，如已经失去新鲜感的长效品牌、只做了细节改善的品牌、难以用一句话概括特点的品牌、属于差异化困难的品牌、属于消费者参与度低的品牌。肯德基符合其中几点。其核心创意点成为主题传播活动核心的创意发想点，在“鸡的启示”里面，是以其神秘和不试不知道为核心来进行跨媒体传播的。从电视广告到线上的互动视频，以及论坛、社交网站，无一不是围绕着“壶物火鸟尝起来的味道”来做文章的。而其产生的具体效果有以下四点：第一，激发好奇心；第二，唤起共鸣；第三，可同时诉求多个核心信息；第四，通过多样化的信息曝光引发口碑传播。

在跨媒体传播中，只有做到在传播中不扭曲品牌，才是正确的传播，“鸡的启示”正是一个正面的例子，显示了在跨媒体传播中，如何在各个媒体中做到传播一致。

小　结

《鸡的启示：由摇滚到歌剧》是2012中国艾菲（香港地区）获奖得分最高的金奖案例。它通过由电视广告到网络视频再到由消费者自己创造视频，极具体验价值，使品牌与消费者之间得到了很好的互动，与其说这是一次广告推广活动，不如说这是一次传统媒体与网络媒体的跨界互动。同时，它还是跨媒体传播广告案例中的成功例子，向我们展示了品牌如何进行有效地跨媒体传播。

家　电　类

【戛纳国际创意节设计类金狮奖】

互动广告新时代：A. O. 史密斯的“全民日光浴”

户外日光浴谁都享受过，但房子里的日光浴还是头一次听说。户外广告借力于社会化媒体，给我们上演了一场轰轰烈烈的新广告大戏。

一、房子里的日光浴

（一）A. O. 史密斯在中国

1998 年美国 A. O. 史密斯公司在中国南京独资成立艾欧史密斯（中国）热水器有限公司，在中国加入 WTO 当天，A. O. 史密斯公司宣布增加在华投资，成为 2002 年由国家外经贸部批准增资的第一家外商独资企业。2005 年该公司在中国成立了全球工程研发中心，该中心为中国及全球市场的产品研发、技术应用及工程技术服务提供支持。

2011 年 A. O. 史密斯增资 5 亿元，在南京打造业内首个低碳节能热水器研发及生产基地。同年，为了配合金圭内胆承压太阳能热水器新品上市，以及应对消费者渐趋低碳环保的消费理念，A. O. 史密斯创新推出升级换代的太阳能新产品，将太阳能的节能和电热水器的洗浴舒适合二为一，完全颠覆了传统太阳能的洗浴感受，让出水变得更强劲，水温也更加稳定。

（二）不一样的日光浴

为了让更多消费者了解金圭内胆承压太阳能热水器的全新洗浴感受，A. O. 史密斯发现如果只是依靠传统广告并不能满足新产品上市推广的需要，因此，A. O. 史密斯联合国际广告集团李奥贝纳推出了“不一样的日光浴”的消费者体验活动。

其具体操作如示意图（图 1）：在一间独立“不透光”的淋浴房内，房顶设有花洒形状的透光孔，嵌入“通光”的淋浴喷头，当户外的人们进入房中，即有一束束温暖的阳光光柱射下，光柱就像花洒喷下的水柱，让人感觉如同洗浴一般。通过特别装置的艺术表现手法，让更多人能切身体验到太阳能所带来的绿色洗浴感受。

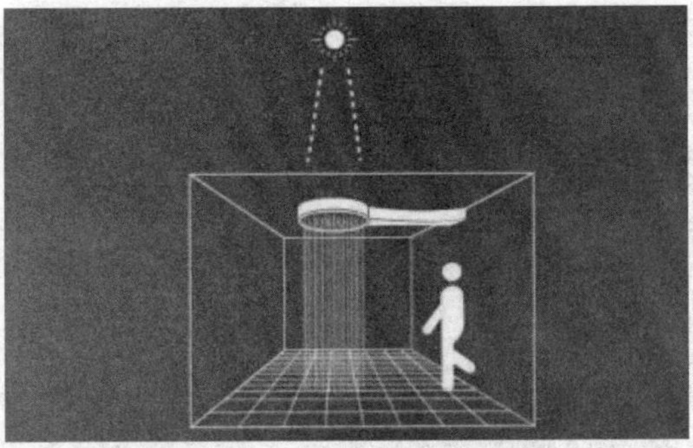

图 1　日光浴装置工作原理

广告为了能在人们接触的海量信息中脱颖而出，获得更多的关注，适时融入各种艺术、科技手段，强调广告的内涵，重视广告与受众的交流是必要的。而装置艺术常运用到多种表达手段，采用不同的材料创造一种观众参与的现场感，与现代广告的设计思路不谋而合。① 装置艺术的这种特性成为广告设计创新灵感的又一源泉，由此也出现了一种新的广告形式——互动装置广告，A. O. 史密斯太阳能热水器创意活动“阳光装置”（Sun Bathing）即是其中的佼佼者。

“阳光装置”由国际顶尖广告集团李奥贝纳为其量身打造，此互动装置广告将升级换代的 A. O. 史密斯金圭内胆承压太阳能热水器节能舒适的优点以独特的方式告知消费者，让消费者在进行自我体验的过程中，获得对绿色、节能沐浴的切身感受，突破了传统广告仅仅是单向推送信息的传播模式，提高了广告的互动效果，有利于找到精准受众并进行较好的概念传达。

此次创意活动首先于 2011 年在中国上海的一处广场展开，主办方早已将装置准备妥当，随着人流的不断增多，活动现场的观众也越来越多，参加此次体验活动的观众排起了长龙，等待体验不一样的“日光浴”。活动当日近 500 名消费者参与了互动，并主动将信息传播到互联网（如微博

① 陈红艳. 论互动式广告装置的创意设计［J］. 装饰，2012（10）：35 ~ 36.

等）上，让此次活动的信息能够得到二次传播，甚至是多次传播，从而使更多消费者了解了 A. O. 史密斯金圭内胆承压太阳能热水器及其带来的节能舒适的沐浴体验。

图 2　活动当天视频截图

此次创意活动在上海得到非常广泛的传播，观众主动将自身体验和活动现场的火爆场面上传到网络上，主要集中于当下传播速度快、话题性强、传播信息量大的微博上面，并且得到线下多家媒体的跟踪报道，活动结果是在获得巨大传播效果的基础上促进销售大增，上海市 A. O. 史密斯太阳能热水器的销量增幅达到 23%，可以说此次活动的效果是非常可喜的，这从一个侧面反映了此次广告活动的成功。

接下来 A. O. 史密斯继续联合李奥贝纳团队又在南京、杭州等地进行了 A. O. 史密斯太阳能热水器“阳光装置”创意活动，同样也获得了巨大的成功。消费者不仅仅是在看冷漠的广告，而是作为广告的一部分参与进来，在互动中得到快乐和惊喜的同时，也体验到了产品的内涵。

二、戴着镣铐跳舞

（一）黑暗——创意产生之前

怎样传达新产品“将太阳能的节能和电热水器的洗浴舒适合二为一”的颠覆特色以及顺应消费者渐趋低碳环保的消费理念，是这次营销活动的关键所在，也是考验整个创意团队的最大难点。因为太阳能热水器较电热水器而言，有时并不能够保证使用时温度适宜，而电热水器又很耗电，这也就与低碳环保的理念相违背，所以总体来看这是一个两难的问题，只有兼顾到这两个方面才有可能找到一个合适的解决问题的思路。

显然，A. O. 史密斯金圭内胆承压太阳能热水器采用创新分体承压设计及金圭特护内胆，将节能的太阳能和洗浴舒适而又不受季节影响的电热水器合二为一，从而出水强劲、水温稳定，颠覆了以往的太阳能洗浴感受，具有了很大的优势。原理如下图（图3）。

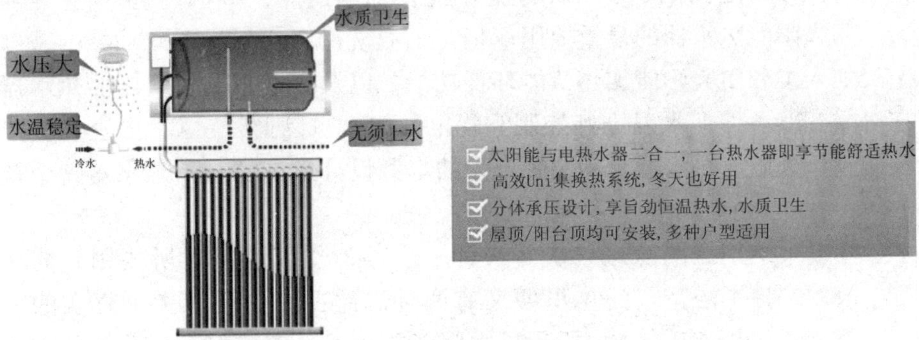

图3

但是，对于怎样传达这一优势还是死死困扰着李奥贝纳创意团队。考虑到金圭内胆承压太阳能热水器的目标受众具有倾向于低碳环保消费理念的特点，李奥贝纳创意团队决定在传统媒体进行理性广告投放的同时，一定要做出一个适应时代，契合目标受众的新媒体广告，最后经过团队的多次创作和完善，最后决定做一个“阳光装置”的互动装置广告创意活动。

（二）曙光——创意“破蛋”

互动式广告装置是指需要受众行为上参与、体验、操作、反馈，与该装置形成互动关系的广告装置①。互动式广告装置的核心是“人的参与”，只有受众参与其中，该装置的广告信息传达功能才得以实现，否则就只能被视为普通的装置。互动装置广告借的是一个带有剧情的实景舞台，每一

① 葛洪波，董景寰．互动设计——户外互动广告研究［J］．艺术与设计（理论），2010（6）：25～26.

个参与的消费者都是这出戏的表演者，而在这出戏中只有主角没有配角，主角有两个——一个是做广告的产品，另一个是无数的“参与者”，这些“参与者”一个无偿的举动就可能决定了一个新产品的产生或者夭折。

互动式广告装置的主要优点：吸引受众主动参与，使之更易接受广告信息；提供亲身体验，强化受众的长时记忆；直接的受众反馈，能帮助实现精准投放及广告效果测评。反之，如果互动装置广告需要传达的效果没有传达好或传达不准确，轻则浪费广告费，重则如前面所说的导致新产品夭折，甚至破坏已有的品牌整体形象，后果不堪设想。

伟大的创意的核心卖点是不变的，也就是说居于产品或服务的“独特的销售主张”之前的功能和用途是不能妄加创造的，A. O. 史密斯金圭内胆承压太阳能热水器的最重要用途仍是加温洗澡，只不过在此功能的基础上又加入了利用太阳能加热节能环保功能，以及突破了其他太阳能热水器在气候变冷条件下水温不好控制和耗电的弊端。因此，A. O. 史密斯金圭内胆承压太阳能热水器互动装置广告的本源设计还是要基于热水器这个核心点，并在此前提下进行创新。

李奥贝纳创意团队最终决定设计一个类似在家洗浴时所要用到的装置，故而选择了浴室。到这里便又有两种思路：一是设计一个真实的浴室，将 A. O. 史密斯金圭内胆承压太阳能热水器也安装好，让路过的志愿者真实体验同时具备太阳能热水器的环保低碳和电热水器的舒适特色的新式热水器。但考虑到浴室的私密性，在户外进行肯定是行不通的，不但道德上会受到质疑，而且还会影响社会秩序，严重的还会给品牌带来一些不必要的麻烦，破坏品牌在消费者心中的形象。

经过几轮严密慎重的讨论之后，李奥贝纳团队终于想出了一个既可以保留原来的创意，又不会对品牌造成损伤的解决方法，即后来我们见到的“阳光装置”。这个装置将现实中实实在在的洗浴艺术化，将实在的水“转换”成太阳光的光线，同时又保留了人们洗浴时的真实感受，反而让人们眼前一亮。通过观众的参与，在体验中感受 A. O. 史密斯金圭内胆承压太阳能热水器的独特魅力。

（三）光明——好创意不说话

在传播策略上，李奥贝纳团队跟 A. O. 史密斯反复协商，最终选择了当下最流行的微博营销和事件营销两种方式，积极发挥消费者喜欢分享新鲜事儿的特点，让消费者在体验完之后上传活动照片，促成二次传播。除此之外，李奥贝纳团队也主动在微博上上传视频，让整个活动高潮迭起，一时间成为当时微博上的热点话题，这既节省了推广费用，又能够得到广泛的传播。线下李奥贝纳团队也不忘传统媒体，在上海人流量聚集的地方设置户外广告牌，在接触点上做足文章，让线上和线下能够得到很好的互补，从而获得“1 +1 >2”的传播效果。

在传播效果上，李奥贝纳团队在整个创意活动结束之后的调查中发现，A. O. 史密斯金圭内胆承压太阳能热水器在上海的知名度大幅度提升，并且销售量更是得到了23%的提高，李奥贝纳团队也因此获得了 A. O. 史密斯公司和其营销团队的一致认可。

在取得如此丰硕的成果之后，李奥贝纳团队又联合 A. O. 史密斯公司分别在南京和杭州设置了同样的“阳光装置”，最后也给 A. O. 史密斯公司上交了一份满意的答卷。功夫不负有心人，在 2012 年 6 月 23 日圆满落下帷幕的第 59 届法国戛纳国际创意节上，A. O. 史密斯的太阳能热水器装置广告“阳光装置”最终以其精湛的设计和出人意表的传播效果在几千件参赛作品中脱颖而出，勇夺设计类“金狮”大奖，同时这也是设计类大中华区唯一的一座金狮奖，为华人广告圈赢得了极高的荣誉。

三、从社会化媒体到国际大奖

事物的发展不是独立进行的，而是相互联系、相互影响的，牵一发而动全身。互动装置广告也是在社会化媒体发展的大环境中产生的。虽然现在对社会化媒体还没有一个完整的定义，且一些学者对其定义的点多集中于互联网这个层面，但就社会化媒体的传播特点来看，“能够互动的媒体”即可以叫做社会化媒体。社会化媒体有两个关键词 UGC（用户创造内容）和 CGM（消费者产生的媒体），因此它强调的是“观众”参与的多寡；同时它还延伸出交互、分享、免费、平等、自由、围观等多种价值观念①。

随着时代的变化，不论是主观还是客观条件都在发生着巨大的变化。因此，既要抓住消费者主观态度的变化，又要结合新媒体信息技术的发展，促进户外广告制作水平的提高和互动创意传播形式的改变，这也契合了受众渐渐对传统广告产生免疫，转而追求新广告形式的心理需求。因此，以消费者的需求为核心，强化受众体验，在传播者、媒介、受众等几个方面建立一种全新的链接，只有这样才能够和受众进行一种全新的互动，给产品带来传播效益的最大化。

---

① 朱磊. 广告装置：创意点亮公共空间［J］. 大市场，2007（8）：44 ~45.

诚然，创意是广告的灵魂。然而在当代，创意已不再拘于一个好的想法，而是扩大为视觉形式应用的范畴。创意概念的外延导致了广告分类边界的模糊，这是广告创意思维前卫发展的必然结果。越来越多的户外广告传播形式已经打破以往固有的限制，它可以自由地综合使用新兴技术、材料和媒介混合等，它的互动性创意更是成为了一种开放的艺术手段①。比如，我们可以利用 AR（增强现实技术）、二维码、html5 等技术进行互动广告的创作，也可以设计如"阳光装置"一样的互动装置，至于未来到底是"技术为王"还是"内容为王"，我们拭目以待。但无论怎样，当我们在进行互动广告创意设计的时候，还是要研究这种广告类型的一些基本特点，以便为我们所用。

就 A. O. 史密斯太阳能热水器装置广告"阳光装置"来看，首先，装置广告较以往的传统户外广告更具新鲜性，由于人们对传统广告的审美疲劳和自我免疫，再加上对新装置的好奇心及爱围观的心理特点，爱众都是自愿参与到整个广告中来的，而非传统广告传播信息的方式那样，受众对广告信息的接收都是被动的。在新媒体，尤其在社会化媒体环境下，新式广告成功的前提便是受众的主动参与，因为在没有强制的前提下，没有参与的广告就是无效广告，也就不能够达到所希望的效果，这也是摆在大量广告研究者和从业人员面前一个不可回避的问题。

其次，A. O. 史密斯太阳能热水器的"阳光装置"也是体验营销的一种形式，消费者在参与过程中体验，但这里不再只是体验这个产品，更重要的是要体验这个产品所拥有的产品外延与品牌内涵，因为在同质化如此严重的现状下，怎样提高产品的附加值已经成了所有营销人员和广告创意人员关注的问题，也成了未来企业竞争过程中又一竞争利器。体验经济被认为是人类经济史上继农业经济、工业经济和服务经济阶段之后的第四个人类经济生活的发展阶段。这一经济理论最早由位于俄亥俄奥罗拉的战略地平线 LLP 公司的创始人约瑟夫·派恩（B. Joseph Pine II）和詹姆斯·吉尔摩（James H. Gilmore）在他们的著作《体验经济》中提出，书中用调侃式的语调、大量的比喻和用俚语、口语、行业术语以及缩略语为读者勾画出 20 世纪末西方世界发达国家（尤其是美国）的商业实践与工商管理理论内涵的演变与发展趋势。因此，从美国到欧洲的整个发达社会的经济，以发达的服务经济为基础，紧跟"计算机信息"时代，逐步甚至大规

① 邓博. 新媒体互动装置艺术的研究［D］. 江南大学硕士学位论文，2008.

模开展体验经济。体验经济主要具有非生产性、短周期性、互动性、深刻的烙印性和经济价值的高递增性等特征。当我们再回到互动装置广告上来时，我们便可以找到“体验经济”的证明。因为有参与所以必有互动，更重要的是其“深刻的烙印性”可以使广告效果达到传统广告所极难达到的程度，受众对广告内容的记忆时间也会大大延长。

对于互动装置广告第三个特点（直接的受众反馈，能帮助实现精准投放及广告效果测评）的解读应回归到社会化媒体本身的特点上来。社会化媒体的两个关键词是UGC和CGM，也就是用户创造内容和消费者产生的媒体。营销和广告中一直面临的一个未能彻底解决的问题是怎样提高营销的精准度，虽然也有人提出过“精准营销”的概念，但只在传统营销和广告环境中是很难达到这个目标的，而在社会化媒体基础上的营销却能够很好地完成这个看似不可能完全实现的使命。人类的发展在一定程度上是依赖于信息的流动，掌握信息主动权的人往往也是他所处时代的精英，因此，信息的地位随着时代不停变换，变得越来越重要。人类经历了从信息匮乏到信息富集时代的转变，但当今社会信息的富集化又导致了信息匮乏的产生，因为人们淹没在信息的海洋中而不能自拔。与之相对应的就是人类根深蒂固的部落传统也逐渐从理论走进现实，网络社区的出现以及不同种类千差万别的联盟就像人类的部落那样，逐渐分化成一个个小群体，这给营销带来了新的契机，因为营销人员不必再盯着所有人来思考怎样进行销售，而只需要研究每一个群体的特点即可找到相应的对策。同时，社会化媒体环境下营销方式的另一个大的变革是“及时营销”的产生，这给营销人员带来更大压力的同时也带来了更多的机会，人们可以利用微博等网络工具随时随地表达对一件产品或者一项服务的态度，也可以第一时间抢到实惠的商品，加上基于位置服务（LBS）的飞速发展，“用户产生内容”被赋予了真正的价值，且在不断上升。参与A. O. 史密斯太阳能热水器阳光装置的消费者在活动过程中和结束后都自发发表了对此次活动的感想并上传了图片，这在对既节能环保又使用舒适的太阳能热水器有同样需求的人群中必然得到广泛传播，并且在“圈子里”的人不仅不会反感这种“广告”，反而觉着好玩也参与进来，这就是“圈子营销”的魅力所在。

另外，互动装置广告还有利于广告主更加准确地进行广告效果的评估。有一位著名的广告人曾经说过一句名言：“我的另一半广告费被浪费了，但却不知被浪费到哪里去了。”由于传统广告的传播模式是单向传播，对于广告的到达率我们也只能间接评估，对于受到广告影响而作出反馈的观众监测更是难上加难。而互动装置广告优势就在于，我们在第一阶段可以很好地记录参与互动的人数，也就是第一阶段的广告到达人数，同时参与互动的观众能够切身体验到产品的性能和特点，为将来的购买埋下伏笔。当然，互动装置广告的作用肯定不止于此，接受体验的消费者会自发在社交媒体展示自己的经历，为广告带来免费的二次传播。又因为这种传播一般是在特定的圈子内进行的，在一定程度上减少了人们对传统广告的厌恶，也提高了广告内容的可信度。A. O. 史密斯太阳能热水器装置广告“阳光装置”活动当天有近500名消费者参与了互动，并将活动照片和个人真实感受上传至微博，在最短时间内使A. O. 史密斯金圭内胆承压太阳能热水器的知名度大大提升。

当然，互动装置广告虽然有许多超越传统广告的优势，但也不能忽视它的某些劣势。首先，互动装置广告受时空限制，互动装置广告一般安放在人流较多并且较宽敞的广场位置，存放的时间会因为政策和城市管理部门的严格规定而缩短，同时需要在不同的地点安放装置成本也会比较高。其次，由于互动装置广告在时空上的特点也就决定了它的初次广告到达率比较低，尤其是A. O. 史密斯“阳光装置”这种体验式的装置更是如此。从图片（图2）中大家排队就可以看出，由于装置自身体积的限制，一次同时进入装置的消费者并不多，这在一定程度上影响到观众的参与积极性，极可能由于观众缺乏耐心导致参与互动的人数减少。所以，这一切都是包括A. O. 史密斯“阳光装置”装置广告在内的这类互动广告亟待解决的问题，只有解决了这些问题才能更好地发挥互动广告应有的作用。

A. O. 史密斯“阳光装置”互动装置广告不但在创意和营销上可圈可点，其中必须提到的是，这是一件获得戛纳国际创意节金狮奖的作品，它不仅是李奥贝纳团队以及李奥贝纳广告集团的荣耀，更是整个华人广告圈的光荣。戛纳国际创意节作为全球最大的广告创意和传媒领域的盛典，也颁发全球最负盛名的广告大奖，每年有超过2.25万件来自全球不同国家和地区的作品在戛纳展示和参与评比。因此，能够受邀参加戛纳国际创意节，或是能够在这个全球最顶峰的广告盛会上夺得一座金狮奖，绝对是全球业内人士的一项殊荣。所以，我们也应该看到A. O. 史密斯“阳光装置”互动装置广告所具有的精神象征意义，以及它给中国广告界带来的国际认同和赞誉。

通　讯　类

【中国长城广告奖微电影类金奖】

中国移动微电影广告《老人愿》

《老人愿》是由中国移动公司出品，张扬导演创作，新生代当红年轻演员王珞丹及张译主演的一部微电影广告作品。本片以亲情的回归为主线，并在女儿周爽（王珞丹饰）因为爱情离家出走只身远赴海外而与父亲断绝关系，八年后重回故土寻找失去联系的父亲的过程中涌现出的她对儿时父女亲情，以及与曾经恋人马小崔（张译饰）青梅竹马爱情的回忆，通过女儿对父亲的思念和父亲对女儿临死未变的念念不忘讲述了一个关于家庭、亲情、爱情的感人故事。影片以“多一些沟通，别让幸福成为永远的遗憾”作为结语，引起受众对于亲情回归的共鸣。该片以鲜明动人的故事，优质的拍摄剪辑和新颖的创意，在短时间内获得了十分理想的传播效果，同时也荣获了2012中国广告长城奖——媒介营销金奖。

中国移动联合旗帜传媒、新浪视频共同推出微电影《老人愿》，以亲情作为主线，将中国移动的品牌理念贯穿于一个感人至深的故事之中，不但能够引起广大观众的情感共鸣，而且使广告因“关爱老人，关心家人”内容的公益性而备受好评。作为一部商业广告性质的微电影，《老人愿》无论在内容形式上、广告投放渠道上还是新型广告模式的推广上都为研究微电影广告营销提供了一个成功范例——以广告受众的心理情感作为切入点，轻特定产品功能宣传，重品牌理念推广，

隐藏商业动机，使观众在观影过程中不由得将品牌与影片所强调的情感相联系，不仅以影片的艺术性和故事性淡化受众对商业广告的抵触心理，同时利用公益宣传的方式推广品牌，完成由产品推销向情感营销的转变。

一、将声音传递给彼岸亲人

旅居日本多年的单亲母亲周爽发现儿子在隔壁邻居的门前玩弄一群蚂蚁，邻居是一个独身老人。警察到来后发现老人已经孤独地去世，这一幕勾起了周爽对家中父亲的思念，无奈电话的那头始终是无法接通的空号提示。当年离家出走的一幕幕涌上周爽心头，她毅然决定回国与多年没有音讯的父亲相聚。

周爽带着儿子坐在回家的出租车上，又想起小时候与父亲生活的一幕幕，父亲时常告诫女儿“不管遇见什么事，都要坚强”。到达后下车，周爽却发现老屋已经拆迁，只剩下寥寥残垣。望着残垣断壁，周爽的思绪又回到了小时候，自己曾被一群男孩子欺负，愤怒与无奈之下将为首的男孩打伤。男孩的家长事后到周爽家兴师问罪，父亲虽然对男孩家长连连赔礼道歉，但事后对女儿的勇敢和不畏强暴大加赞赏。父爱使她形成了一种坚强、独立、敢作敢当的气概，深深地刻在她的灵魂里。

周爽来到父亲曾经工作的公交公司，被告知父亲早已退休而不知去向，沮丧中周爽巧遇曾经的恋人，即父亲的徒弟、公交车司机小崔。周爽登上小崔的公交车，站在曾经站过的位子，年少时的欢乐时光又一幕幕浮现出来。小崔告诉周爽，师傅得了癌症，老人家没有选择去医院治疗，而是和一群老年同伴开车去外地演出了。父亲的乐观使周爽的心头得到一丝宽慰，望着曾经的恋人小崔，周爽想起两人曾经半夜偷偷开车外出约会的甜蜜往事，年少的自己为了爱情与父亲争吵后离家出走到了日本，抛下父亲和小崔便从此杳无音讯。

谈起这些年的海外遭遇，追逐爱情的周爽并没有因为自己的不顾一切而收获爱情，为了抚养儿子，她一个人辛勤打拼。每每坚持不下去的时候，就想给家里的父亲打个电话以求得父亲的原谅。无奈家里的电话早已变更，与父亲断绝了联系的她只好抱着重复着空号提示音的电话哭诉着对家的思念，而父亲的教诲这时又浮现在脑海中——“要坚强，别哭，不管遇到什么事都别哭，否则长大了没出息”，周爽靠着父亲的这句话含辛茹苦地带着孩子坚持了八年。

小崔带着周爽来到她和父亲以前常来的一家小餐馆，往年趣事仿佛让时间又停留在了童年。就在这时，父亲所在的老年表演团的节目出现在餐馆的电视上。周爽急忙告诉儿子电视里出现的那个就是外公。老人们的演出获得了成功，当主持人问到老人的愿望时，周父老泪纵横地说出了自己一生最大的愿望——赢得比赛，去日本看女儿。此时的周爽在电视这头已泣不成声。

然而，表演完节目的周父已经在病痛的折磨下灯残影枯，在自己生命的最后一刻，周父在老伙伴们的陪伴下来到海边，“女儿就在海的那一边”，老人带着遗憾永远地闭上了双眼。

周爽来到父亲病逝的海边，遗憾、悔恨、无奈的情绪伴随着对父亲的思念跟着海浪的拍打声一阵阵涌向心头……

二、凭借感人的内容与独特的形式吸引消费者

在信息爆炸的现今社会，生活节奏快，生活压力大，商品同质化，城市空间狭隘等时代变迁的产物使得消费者对商业广告的免疫力大大增强①。因此，商业广告选择多种内容形式，以消费者的心理情感为切入点，淡化商业动机成为广告发展的必然趋势。在这种趋势下，鉴于公益短片的成功，微电影广告在内容上大大丰富了商业广告的艺术性和可观赏性。中国移动的微电影广告《老人愿》在内容上的突破主要体现在以下三个方面：

第一，在篇幅和短片时长上，《老人愿》都大大增加。前面所提到各个厂商的微电影广告是单独成篇，或系列播出，长度都在60～300秒间，而《老人愿》长达26分钟，大大长于一般微电影广告。

第二，在剧情完整度上，《老人愿》以更接近电影的形式完整地叙述了一个关于亲情的故事，而较早期的短片广告大多选用一个故事片段来表现广告内容有所不同。如凯迪拉克的《一触即发》，跳过人物故事背景、情节铺垫等环节，直接表现男主角逃离追杀与飞车角逐的场面。

---

① 张雪，朱润平. 试论“微电影”时代的广告营销［J］. 东南传播，2012（7）：125～126.

第三，在影片内在情感表达上，前期微电影广告以宣传产品功能特性为主，篇幅中高密度出现产品或者品牌标识，把产品的功能性融于剧情需要中，商业性质明显。而《老人愿》虽然为中国移动的微电影广告，但整个影片中几乎没有任何有关产品的宣传和介绍，甚至企业标识的出现频率也相对较低（仅在若干个场景或街景中出现产品标识和企业LOGO）。纵观整个影片，《老人愿》所透露出的商业气息十分淡薄。如果不是结尾字幕出现中国移动，观众可能很难将这部电影与商业广告相联系。《老人愿》所透露出的公益气息似乎远远大于商业气息。广告宣传的核心由过去的产品、服务转向企业文化和品牌理念，在内容上最大程度淡化或隐藏商业动机，将品牌中对于企业责任感的理解寓于影片故事中是《老人愿》与以往微电影广告形式在内容上最大的不同。

从《老人愿》的内容模式创新上可以看到中国移动这样的大型企业在营销理念和方式上的转变——由过去的产品导向化，卖方主导的单一广告式营销向企业品牌、文化、理念和价值的多方位、多渠道整合营销传播方式转变。内容不单宣传产品功能，还传播品牌文化和企业社会责任。

《老人愿》是中国移动在广告营销方式上的一次转变，也是一次成功的尝试。短片以亲情为主线，宣扬了“关爱老人，关怀家人”公益理念，故事感人至深。在整个故事的情节发展中，女主人公与父亲失去联系，电话无法接通，最终父女带着遗憾阴阳两隔。影片留给观众一个猜想：假如父女联系没有中断会怎样？假如父亲留有一丝线索、一个地址，或者最快捷的联系方式——一个手机号码，那么这样的悲剧是否就不会上演，父女是否就不会断绝联系八年，周爽是否早就在感情受挫后能够回归家庭，回归父亲温暖的怀抱？影片末尾，中国移动署名的结语“多一些沟通，莫让幸福成为永远的遗憾”似乎为这个猜想提供了最触动心弦的答案。

在如今这样高压力、快节奏的城市生活背景下，情感的需求特别是亲情往往被喧闹的城市和熙熙攘攘的人群所掩盖。带有灌输性内容的叫卖式广告往往使得本已在城市工作中疲惫不堪的人群更加无法得到宁静和思考，从而引起受众的强烈排斥和反感。情感的需求、感动的滋润成为一个冰冷的混凝土世界里大众最迫切、最温馨的“点滴需要”。作为一部优秀的微电影广告，《老人愿》对亲情回归的呐喊切中了受众心底的需要，打动了他们的心。

三、微电影《老人愿》与新媒体平台结缘

传统电视广告的全部内容仅局限于产品信息本身，忽略受众的审美追求从而显得乏味、毫无生气，难以赢得消费者的信任与好感，拒绝往往成为受众的第一反应；对于电视台节目插播的广告，观众往往选择换台来规避①。这样，即使是制作精良的微电影广告，如果投放在电视台广告时段，也不能幸免，会被当做“倒霉的孩子”被观众连同“洗澡水”一起倒掉。

然而，与传统电视投放相比，网络视频广告投放具有成本低、速度快、限制少、投放精准度和传播效率高的特点。对于大篇幅的微电影广告，可以更加细腻完整地表现故事细节，增加可观赏性和艺术性，也给广告的制作方提供了充足的创作空间去制作出高品质的微电影广告。

科技在发展，生活节奏也在加快，娱乐与体验越来越具即时性，人们很少再像从前一样拥有大块的时间专门用于吸收信息，取而代之的是注意力的“碎片化”——上下班途中，等待时间以及特定的封闭性时间成为人们获取信息的有效时间。微电影《老人愿》在内容与篇幅之间进行了恰当的协调与取舍，使之成为“碎片化”的空闲时间内接收信息的绝佳对象；同时，移动网络以及网络终端设备如智能手机的快速发展使“随时随地”的视觉娱乐成为可能。微电影广告《老人愿》将品牌宣传融入微电影的故事情感中，利用网络传播的低成本和便捷性使受众与品牌的“接触点”大

---

① 郑晓君. 微电影——“微”时代的广告模式初探［J］. 北京电影学院学报，2011（6）：9～13.

大增多，通过完整的故事情节使企业的产品品牌理念深入消费者的情感需求中，加深了客户对品牌的认同与理解；同时，一部具有卓越创意的优秀微电影广告，可以借助不断发展的社交网络进行“病毒式传播”，在消费群体中建立口碑效应，拓展销售机会——《老人愿》在新浪网上线仅两周，总播放量突破两千万次，吸引相关微博和评论近1 680万条，这样的传播效果是以往传统投放传播渠道所无法比拟的。

另外，微电影广告《老人愿》在与媒体受众的互动中实现了由“请消费者注意”到“请注意消费者”的转变。通过电视等传统媒体投放的广告往往一味进行单一的产品叫卖与宣传，忽略了消费者的其他诉求，也使得消费者只能选择在欣赏电视节目时被动地接收产品信息。这种将消费者置于被动接收地位下的传播方式往往导致受众的反感与抵触情绪。《老人愿》通过广告内容的创新，满足了受众对产品外信息的心理需求；微电影广告与网络投放的结合使得受众变被动接收为主动选择——受众能够自由选择接收信息的种类、长度和内容，让原本煎熬的“跳广告”变为充满愉悦体验的“看电影”，广告的传播效果大大增强；同时，人群的选择从某种程度上体现出该人群的客观需求，如对《老人愿》反应强烈的大多数是漂泊在外的年轻人，他们对网络和通讯的依赖性大、接受新事物的速度快、消费愿望和能力强等特点使之成为移动通讯产品的消费主体。这种消费主体与广告宣传对象的结合使商业广告利用微电影的创作形式，在互联网平台上实现了高、精、准的投放。

四、从《老人愿》看微电影广告的“烦恼”

作为一种商业行为，微电影广告《老人愿》在其创作和传播的过程中必然会面临一般商业广告所面临的问题与局限，与此同时，微电影广告自身独特的内容方式使广告作品的监管面临新的挑战。

微电影广告《老人愿》成功的关键在于其整合了电影的故事剧情和企业品牌的商业化传播，使两者在同一部作品中实现双赢。由于时长的限制，要在十分有限的篇幅内将完美的叙事和鲜明的广告主题结合，这就对广告制作方提出了很高的要求①。《老人愿》这部微电影贯穿始终的主题是“关爱老人，关心家人”，对亲情回归的重点叙事带有强烈的公益色彩。这种公益色彩淡化和掩饰了广告的商业气息，让广告片本身在消费者间依靠

① 兰萍．微电影广告的发展趋势与瓶颈浅析［J］．东南传播，2012（9）：102～103．

网络进行“病毒式”传播成为可能。然而，商业广告的赢利目的与公益主题并不能始终保持一致，过多注重影片的非商业化容易使“掩藏”赢利目的的初衷变成“掩盖”广告主题的结果，如前文所述，假设《老人愿》的末尾没有出现中国移动的署名，可能没有观众会将这部影片同企业联系起来，也就无法达到微电影广告宣传的目的。怎样在剧情中逐渐引出商业主题，实现企业品牌的整体推广，而不是舍本逐末似的一味追求非商业化剧情，将成为微电影广告未来发展需要解决的重要问题。

此外，由于要实现广告主题的“隐形”植入，化营销宣传于“无形”，微电影广告《老人愿》的内容主题选择了与大众化审美一致的情感因素——亲情。随着微电影广告形式的不断普及和发展，众多商家在广告题材的选择上将日趋同质化，那么怎样在类似的题材中表现不同的品牌宣传主题，突出品牌特质，达到与消费者间的“双向沟通”，实现企业赢利，成为摆在广告创作者面前的一大挑战。

作为一种新兴的广告形式，微电影广告《老人愿》在其可预见的发展中难免遇到与传统广告相似的问题。就微电影广告本身而言，其概念上的模糊性对监管提出了很高的要求：一方面，微电影广告的本质是广告，那么其内容的真实性、可靠性就要受到严格的约束和规定，如不能使用夸张的情节内容夸大产品功能；另一方面，微电影广告的形式是“内容为王”的，其故事情节或真实或虚拟，需要用一定的修饰来丰富影片的艺术性和观赏性，过于严格和刻板的规定难免限制其创作上的创意性和内容上的吸引力。怎样平衡微电影广告的这两个方面，即在既不影响作品创意发挥的同时又保证广告内容的真实性，显得尤为重要。

家 居 类

【艾菲奖台湾地区金奖】

宜家“不用换新家，也能住新家”广告案例

宜家的广告一直在消费者那里好评如潮，一如宜家的家居一样：简约、自然、清新，体现了广告的产品诉求。此次在台湾投放的电视广告，如何才能既让消费者产生错觉——“虽没有实际降价，但感觉起来，IKEA 并不贵”，又让消费者保持对宜家一如既往的好感呢？面对这个问题，宜家认为应该唤醒人们对家具存在的意义的认识，让消费者认为是“家具让房子变成家”。

一、宜家家居发展简介

七十多年前，在瑞典阿姆胡特的一个小山村里，英格瓦·坎培拉开始经营他的小生意，并逐步发展为家具零售。20 世纪 90 年代初期宜家跃居全球最大的家居用品零售企业。宜家集团至今在全世界 24 个国家和地区建立了 262 家大型连锁式零售商场。到了本世纪家居零售业竞争空前激烈的情况下，也依然没有任何对手能动摇其第一的位置。

宜家的成功与其企业愿景的基本思想分不开：“To create a better everyday life for the most of people”（为大多数人创造更加美好的日常生活）。使价位低、设计精良、实用性强的家居产品为人人所有。宜家非常明确地在全球贯彻着它的大众化路线，从而赢得了越来越多消费者的青睐。在该思想指导下，低价策略让宜家占据了市场上的绝对优势。宜家撬动市场的支点就是以低价格销售高质量的商品。与竞争对手相比，宜家销售的家具价格平均要低 30% ~50%，而且价格会随着时间推移逐渐降低。宜家一直以优质低价的形象出现，这完全得益于宜家的最经济采购策略。

根据品牌顾问公司 Interbrand 所作的“2010 年全球百大品牌”（Best Global Brands Ranking for 2010）调查显示，宜家家居的品牌价值排名位居全球第 28 名。

据统计，宜家中国2010财年销售逾37亿元，2011年增至49亿元。2012年，宜家中国销售额超过54亿元人民币，比上一年增长21%；超过1 500万名消费者访问过宜家商场，比上一年增长21%；宜家会员总数突破700万名；网站访问量超过2 400万次，比上年增长20%；新浪官方微博的关注人数也超过35万名，过去一年新增粉丝数为20万。另外，作为对2012年“让梦想超越空间”活动的延续和进一步实践，2013年宜家以“生活，没有平凡时刻”为主题，围绕人们在生活中对于家居功能更多样化的渴望，充分利用家里的空间，打造更美好的居家环境①。

宜家家居的经营区域跨全世界26个国家和地区，中国大陆地区的宜家家居是直营店；而在我国台湾的宜家家居则属于香港的代理商怡和洋行所有。

事实上，宜家家居在台湾的经营活动早在1985年就已经展开，台湾宜家家居主要的业务是在台采购。当时的台湾对宜家家居而言，是全球供应链的一环，而非产品的终端市场。台湾的宜家家居由英商怡和洋行（集团）旗下的怡和拓展公司代理，该公司拥有宜家家居港、台两地的代理权，母公司是怡和太平洋控股公司。2002年10月底，怡和拓展公司在母集团怡和集团的规划下，股份由怡和太平洋控股公司转换到牛奶国际控股公司，从此怡和拓展公司是属于牛奶国际控股公司旗下的子公司②。

台湾的家具业素以外向型的产业模式著称，主要生产出口家具，在世界家具市场上举足轻重。早在20世纪末，台湾家具就因大量出口而赢得了“家具出口王国”的美誉。但在后期的发展中，由于台湾投资环境、家具市场发展趋势的改变，加上木材资源短缺和其他负面影响，台湾家具业在国际市场上的竞争优势大大地削弱了。

因此，家具业本土化的重要性被再次强调，台湾消费市场对资源节约型以及物美价廉型的家具需求量日益增加。而宜家，显然是适应这些需要的。宜家在台北、桃园、高雄等地均设有分店。2006年4月28日于台北县新庄市开设了台湾最大的分店。至今为止宜家在中国台湾地区已设4家分店，可见宜家集团对台湾市场的重视。

二、“不用换新家，也能住新家”

宜家以其独特的创意搭配低价广受消费者青睐，其广告表现的方式也

① 马希．宜家公布新财年计划2012年销售额上涨21%［N］．京华时报，2012－08－31．

② 苏中信，李义昭，丁铿升．宜家家居在台湾所使用的价格调整与修正策略［J］．浙江工贸职业技术学院学报，2011（1）：53～58．

将宜家设计和创意的理念体现得淋漓尽致。不论是街头车站的宜家沙发候车座，居民楼阳台改造成的宜家储物柜，还是在多伦多的高速公路旁用宜家家具拼成的“LOVE”、“JOY”、“HOPE”巨型广告牌，宜家完成了从创意空间到创意媒体的过渡，利用各种创意元素及媒介进行广告表现。“偶尔制造一两个经典广告不是难事，但要保持‘长期经典’殊为不易，这要求企业品牌传播确有过人之处。宜家就是这样一家企业。”①

宜家很少通过传统大众媒体进行广告宣传，但是每则传统广告亦是经典之作，亲近贴合普通大众口味，又不失其特有的创意风格。

（一）解决问题型的广告表现

2011 年宜家这则“不用换新家，也能住新家”的广告，产品主要诉求为“换宜家新家具比换新家更划算”，以短短 30 秒的电视视频广告形式，描述了一家三口日常生活中的一次对话，是经典的解决问题型广告模式。

家里的男主人和小朋友在给金鱼更换新鱼缸，小朋友问爸爸，能不能像小鱼一样换新家，从而引发了爸爸妈妈关于换新家赚钱方式的讨论，然后在屏幕上打出广告语“不用换新家，也能住新家”，最后出现宜家样板客厅的全套家居价格，证明宜家是低价高质量的家具，是真正的“好设计，更经济”。

画面内容：

图 1　宜家“不用换新家，也能住新家”影视截图

---

① 李明合. 宜家广告的非常道［J］. 销售与市场（评论版），2010（3）：48～50.

广告台词：

小朋友：爸爸，我们可以和小鱼一样换新家吗？

爸爸：哈哈哈，那也要等我们变有钱了才行。

妈妈：妹妹，等妈妈明天中乐透。

爸爸：我要开始兼三份工作了。

妈妈：干脆标个会。

爸爸：我可以当模特吗？

妈妈：炒股票！

爸爸：抢银行！

妈妈：啊，卖西瓜。

爸爸：去工地啊？当水管工？

小朋友：停！我也去赚钱好了，哈哈哈……

旁白：不用换新家，也能住新家。

宜家客厅（改造客厅总价 8 199 台币、13 582 台币、20 642 台币），比你的预算更划算。

（二）目的在于造成消费者错觉

台湾曾经是“世界家具工厂”，家具市场存在大量的家具零售商，在台湾各大城市形成家具街。本土家具连锁零售品牌有如：B&Q、HOLA 与生活工厂，定价都低于宜家。在其他国家，宜家普遍被认为是物超所值的品牌，在台湾，人们并不觉得宜家便宜。

然而，宜家无法再降低价格来与本土的对手竞争。因此，本次广告运动的传播目的在于造成消费者的错觉，即“虽没有实际降价，但感觉起来，宜家并不贵”。

面对激烈的竞争，宜家家居独特地定位于年轻、追逐时尚而且小康的顾客群体，这些群体中大部分有小孩，他们追求个性、自由、效率。

根据对目标对象的深刻分析，发现宜家家居的消费群具备以下特点①：

其一，消费者情感需求的比重增加。消费者购买商品的目的已不仅仅是出于生活必需的要求，更多的是为了满足一种情感上的渴求，或者是追求某种特定产品与理想的自我概念的吻合。

其二，标准化的大众产品日渐失宠，个性化、人性化产品的需求上升。消费者在接受产品或服务时的“非大众”心理日益增强，他们相信自

① 侯海青. 从产品营销到体验营销［J］. 商场现代化，2006（5）：95～96.

己的判断，相信自己的感觉，更倾向于追求那些能够促成自己个性化形象形成、彰显自己与众不同的产品或服务。

其三，消费者从注重产品本身逐渐转移到注重接受产品的过程。消费者不仅关注得到怎样的产品，而且更加关注在哪里及如何得到这一产品。或者说，消费者既重视结果，也重视过程。

其四，消费者由被动接受产品转变为主动参与。消费者从被动接受厂商的诱导、拉动，发展到对产品外观要求个性化，进而发展到不再只满足于产品外观的个性化，而是对其功能提出个性化的要求。

要成功吸引这部分消费者的注意，必须打破市场推广的常规手段，建立专门针对中产消费群体独特的话题营销模式。本次广告的设计可以说是费尽了策划者的心思，从广告人物及组合的选择以连续剧式的恰当形式，到准确的产品价格、品质诉求，加上多年积累的系列广告运动效果，宜家的广告营销模式的多样化、独特性是其他同行业企业难以望其项背的。宜家一直以多种营销渠道的有效结合来达到传播目的，具体体现在其引以为傲的体验营销、一站式营销、传承已久的产品目录渠道加上透明式营销等。

总的来说，本次广告要达成的宏观目标是进一步巩固品牌作为家居行业的领导地位，强化家居行业第一品牌的形象，保持或超过现有发展速度，保持或拉大与其他品牌的竞争差距。通过宜家广告，加强品牌号召力，全方位加深与消费者的情感沟通，增强消费者对宜家品牌偏好度，并抓住家居市场进入快速成长期的机遇，开拓和扩大市场份额，抢占新的消费群。

（三）创意策略——家具，让房子变成家

本次广告的传播目的在于造成消费者的错觉，即“虽没有实际降价，但感觉起来，宜家并不贵。”如何实现本次广告的传播目的？针对这群在乎价格的消费者，本次广告旨在把消费者心中的那把尺，由原来绝对价格的比较转变为相对价值的评估。而又如何实现这种转变？

宜家认为，应该唤醒人们对家具存在意义的认识：家具，让房子变成家。

引导消费者将“新家”的概念，换成“新家具”，将“换新家”的概念换成“换新家具”，从而推出本次广告的口号“不用换新家，也能住新家”。

图 2

根据台湾最大的房屋信息网站调查发现，人们想换屋的主要原因是“想要有更好的生活质量”占了49.8%，想换却还没换69.2%是因为“资金不足”。这一调查结果正好符合宜家的品牌诉求，那就是“为大多数人创造更加美好的日常生活”，使低价位、设计精良、实用性强的家居产品为人人所有。

宜家意欲唤醒人们对家具意义的认识，于是宜家给家具产品赋予好家具的意义，拥有好的家具等于拥有了更舒适、更美好的家，有了美好的家就是享受了更好的生活，于是就满足了人们想要换屋的需求，因此宜家给出了一个意义循环体系，如图3，最终得出的结果，用以说服观众的理论就是想要换屋得到更好的生活质量，就换宜家的家具，好设计又经济。

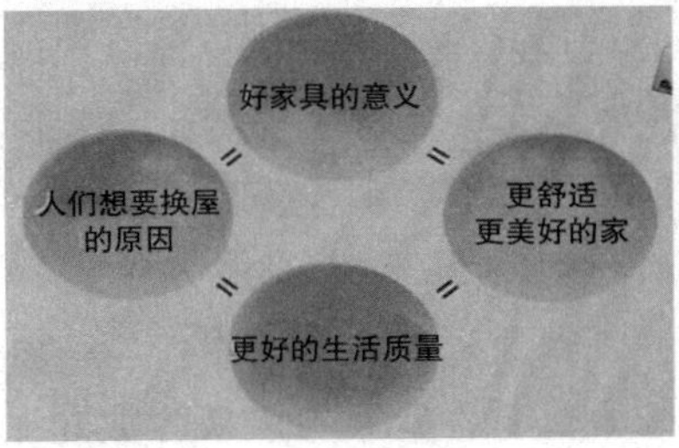

图3　家具意义循环图

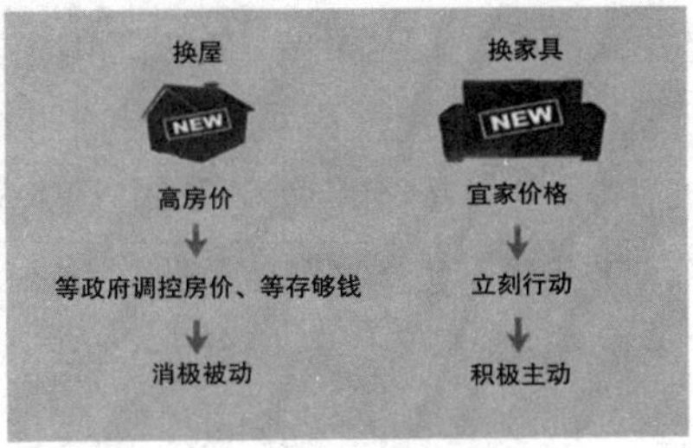

图4　换屋和换家具

换屋的代价等于支付高昂的房价，等政府调控房价、等存够钱等不过是消极被动的等待。但是换家具只用支付宜家家具的低费用，而且可以积极主动地立刻行动，如图4。

宜家通过这个广告，首先将人们“想换屋”的想法牵引到“换家具”上，通过广告来表达一个中心思想——与其想那么多赚钱搬家的办法，不如用很少的钱置换家具，而在宜家就可以用低价购置一套全新的、设备齐全的家具。

这个中心思想在广告中有充分的体现，广告中爸爸说换新家要等赚够钱才行，于是爸爸妈妈想了许多赚钱的方式，甚至连女儿都说我也来赚钱吧。然后用旁白打断一家人无厘头的想象，“不用换新家，也能住新家”，这是宜家广告惯用的间接性手法。接着给出了低价的宜家客厅改造价格，三个级别的客厅改造价位体现了宜家既低价又提供多种价格等级家具的特性，又通过清新系、温馨系、北欧简约系三种截然不同的家居风格，表现了宜家家具形式的丰富多样，也充分展示了宜家样板间的魅力，由不同产品的颜色、灯光、材料等搭配在一起的宜家样板间体现了宜家另一个特性——品牌控制。整个样板间里的所有家具、装饰品都可以在宜家家居卖场里找到。当然，客厅改造价格把所有一切加起来，三个级别的客厅分别只花“8 199”、“13 582”、“20 642”台币，折算后最贵的不超过4 500元人民币。

（四）广告效果同比大幅提升

2011 年，台湾买房子的人数创下八年来的新低，这也影响到家具销售量。通过本次广告传播后，借着改变人们对价格比较的习惯，提醒了人们“家具”对“家”的意义。在整体不景气，整个家居业销售下滑的情况下，本次广告成功增加了宜家的顾客数量，让销售业绩逆势成长。

与 2010 年同期相比，宜家客厅家具销售量大幅提升。布沙发的销量提升最多，比 2010 年同期增加了 48.6%，布沙发在广告中最后出现的套间里占据了显著位置，可见本次广告的功效。其次是扶手椅与上一年同比增长 36.6%。2011 年其他家具如沙发床、布织品、灯具、家饰用品、客厅收纳柜、皮沙发、边桌等销售额均达到同比增长 18% ~25% 的水平。

在台湾家具行业不景气的大背景下，宜家通过此次广告，将“家具”赋予意义，改变了消费者的传统观念，2011 年的宜家卖场来客数同比增长了 23%，广告效果可见一斑。

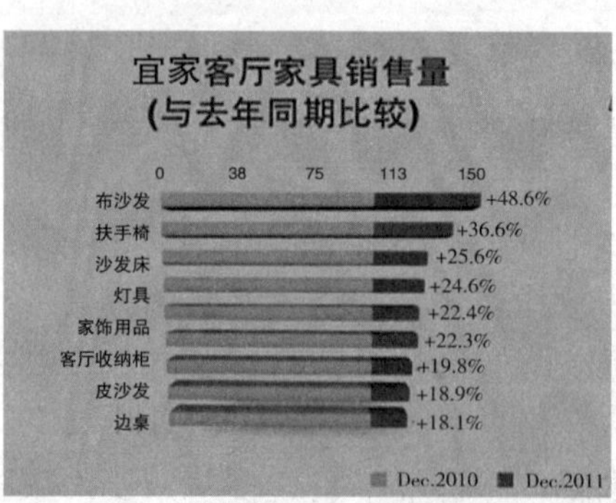

图 5　2011 年宜家客厅家具销售量增长情况

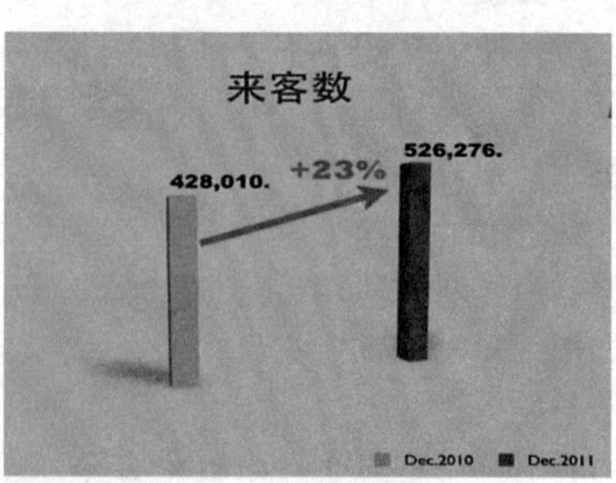

图 6　2011 年宜家来客数增长情况

三、案例点评

广告最重要的功能就是告诉我们产品或企业的属性，成功的广告需要符合准确性原则，除了字面上理解的对客观事实的准确反映，还可以理解成通过广告对商品特性的准确表达，而这种表达方式可以是直接的，也可以如宜家广告采用的间接手法。

宜家的广告似乎习惯了使用间接的表达方式，不会在广告中高调、重复、直接地宣扬产品特性，而是喜欢通过连续剧式的故事形式，间接地反映宜家的产品特性，这种间接表现手段通常有创意而又不失浪漫，简约中又充分表达产品诉求，宜家的广告就像其品牌调性及产品风格一样，简约大气、创意至上、充满情调。

宜家所有广告不论是什么主题，都会体现出一个中心诉求——宜家能给你带来更好的生活，并且宜家通过各种形式来阐述这个中心诉求。作为成功的广告创意，必须要有新颖的立意、新鲜的语言和生动的画面。广告用语也要精炼，言简意赅。同时，好的广告创意，更要从本土、本民族、本国的特色出发，不同地方投放的广告有其独特的地方特色，往往更能深入人心。

（一）幽默诙谐式情景剧广告

宜家的广告形式很多，平面、户外、影视等均有展示，都以“简约、自然、清新”的风格为主。宜家这则《不用换新家，也能住新家》广告也符合了上述好广告的要求，以幽默生动的形式，甚至带些悬念，通过丰富的想象含蓄而又准确地表达广告的产品诉求，其中又不离宜家“简约、自然、清新”的风格。

整个广告时长30秒，广告以家庭作为基准，展示了一家三口在给金鱼换鱼缸时的对话，台词串联紧凑，人物对话幽默生动，每个人的台词都符合自己的身份，表达了一家人为了换新家竭尽所能、不留余力的冲动。广告最后打出宜家广告词“不用换新家，也能住新家”，并展示三套宜家样板间。从人物对话引出问题，到人物讨论问题，再到旁白提出解决方案，给出解决的建议，整个广告一气呵成，节奏把握恰当。

从广告创意手法上分析，该广告走的是轻松幽默诙谐路线，一家三口小户型的组合更是符合了宜家“小空间大梦想”的主题。在小空间里，爸爸妈妈不断幻想各种无厘头的赚钱方式，他们的表情也很轻松滑稽。区别以往简约的小清新风格，用日常都会发生在普通人家中的玩笑和对话来展现，体现了宜家为消费者创造更加美好的日常生活的企业宗旨。

从广告表现手法上分析，本广告采用了解决问题型的广告形式。解决问题型广告形式是指，先提出生活中遇到的问题，然后解决问题，在此过程中展示某商品的特性。此类广告往往以科学实验或具体数据的形式，显示商品功能的科学性和可靠性，富有很强的说服力。本广告采用解决问题型模式，却没有用老套的科学实验或死板的讲解台词，而以影视剧般复杂、生动的人物对话，营造出影视剧般的氛围，让受众看得轻松又易懂，广告中大篇幅的爸爸妈妈讨论的赚钱门路，最后旁白一句“不用换新家，也能住新家”，配三套宜家样板间，表达出“去宜家就能轻松解决以上难题”的潜台词。

短片一开始，爸爸和女儿在换金鱼缸，女儿提出了“我们能不能换新家”的问题，也交代了事情发生的时间和地点，并设下悬念：换鱼缸和宜家家居有什么关系。接着一个慢镜头，爸爸说“那也要有钱啊”，然后镜头开始在爸爸和妈妈之间不断切换，快节奏跳动，表现出人物着急和斗志昂扬的心态，然后突然一个慢镜头给女儿喊停，说“我也去赚钱好了”，将情节升华到最高潮。停一秒后，旁白用轻松的声线说出广告词“不用换新家，也能住新家”。整个广告情节单一却包含整个事情的发生、经过、高潮，节奏把握恰到好处。

广告的背景音乐选用架子鼓这一乐器，鼓点敲击反映了广告情节的节奏变化，最后在旁白出现后，架子鼓鼓点配合着三角音叉，节奏变得轻松活跃，适合了年轻、个性的目标群体。

（二）宜家的全球广告战略

许多学者对宜家的广告也给予过很高的评价。例如，李明合认为①，偶尔创造一两个经典广告不是难事，但要保持“长期经典”殊为不易，这要求企业品牌传播确有过人之处。然而宜家就是这样一家企业。

宜家发布在世界各地的非传统广告既精彩纷呈又步调一致，始终贯穿着一致的经营理念和品牌主调，以至于宜家卓越的创意获得了广泛的认可，连戛纳国际创意节都请宜家人担任媒介评委。不过让人感到意外的是，宜家并没有像大多国际企业那样雇用同一家广告公司，而是在不同国家不同市场聘用不同的广告代理商和媒介购买公司。为什么分散的广告代

① 李明合．宜家广告的非常道［J］．销售与市场（评论版），2010（3）：48~50.

理模式并没有导致宜家广告在全球执行中出现脱节的情况，反而实现了很好的统一？

这恐怕与宜家独到的广告控制方式和宜家在全球推行高度本土化的营销政策密不可分。宜家的广告虽然在各地的执行迥然不同，但其创意都是以产品为中心，并确保了统一的基调。宜家的传播负责人曾指出：“（宜家致力于）创造更美好的生活图景，我们要创造与众不同的生活，而不是接近大众的生活方式。我们习惯于按公司的内部准则进行思考，这就如同一把保护伞，保证了全球化思考的相似性。”

在具体执行中，把广告代理公司“宜家化”是宜家保证全球广告一致的重要措施，也就是把宜家文化融入它聘用的广告代理公司身上。比如，在确定合作广告公司之后，宜家会给广告公司培训，讲解宜家的历史、文化、产品，从而使广告公司对宜家有一个全面的了解，甚至与宜家合作的广告公司还会被请到瑞典，带他们到瑞典进一步了解宜家，感受真正的宜家文化。

当然，宜家的广告也存在着有待改进的地方。比如，宜家的很多广告虽然新颖大胆，但在制造话题上弱了一些。话题是最好的广告，能够产生话题的广告才具有更强大的传播力，就像澳大利亚全球招聘守岛人的广告案例一样，区区几百万的投入却带来了全世界的关注。又如，宜家的广告在催生“口碑”效应上作用有限，至少在中国，宜家的强大口碑大多并非来自广告。此外，宜家的很多广告以产品为表现道具，不具有低成本复制和重复的优势，加之有时操作手法过于“笨拙”，限制了广告的影响力。

不过整体来说，个性鲜明的宜家营销理念决定了宜家广告的与众不同。多年来，宜家在戛纳等国际广告节上屡获大奖，就是很好的证明。

服　饰　类

【中国广告长城奖媒介营销类金奖】

活出你的伟大——NIKE 奥运新媒体营销

2012 年 7 月 25 日，NIKE 全球统一广告片“Find Your Greatness”在线上预热，奥运开幕式当天正式播出。[①] NIKE 在整个广告中没有直接说明这是为伦敦奥运会所做的品牌广告宣传，但是准确地“伏击”了官方指定合作伙伴 ADIDAS。而一支中国的神秘团队开辟了 NIKE 系列“伟大体”文案和平面，引爆了整个新浪微博。NIKE 的“活出你的伟大”奥运项目荣获 2012 中国广告长城奖媒介营销类金奖。

一、具有高度奥运联想的前期广告

NIKE 夏天的营销活动其实早在 6 月 29 日就已经打响。伴随“NIKE +”数字化革新系列运动产品的推出，NIKE 在全球各大市场同时掀起了一波名为“由此上阵”（Come on，World）的广告战役。以 NIKE + 篮球、跑步和训练系列的智能运动鞋为主角，并用“以数据激发表现”为口号，拉开了 2012 年的营销序幕，同时向全世界宣告：“一场史无前例的革新游戏，正式开始。”

有了这些能够实时测量弹跳高度、移步速度、运动强度等表现数据的智能鞋，NIKE 似乎想把世界变成每个人的游戏运动场，也想把传统意义上的运动鞋变成一款能自我挑战的电子游戏。互动代理公司 AKQA 就为“NIKE +”打造了一个游戏平台——由此上阵并创造出适用于篮球、跑步和训练爱好者们的各类“挑战”。

因此，在 7 月初，NIKE 今夏的战役就已开启，而此役的宗旨是让更多人动起来，并充分运用数据来调动人们的参与热情，同时也为“伟大”之战埋下伏笔……

---

① 林朗. 那些打奥运营销擦边球的品牌［J］. 中国广告，2012（10）：48 ~ 49.

7 月 25 日 NIKE 全球统一广告片“Find Your Greatness”（活出你的伟大）在各大社交网站预热。“活出你的伟大”并不是一个当下流行的微电影式的广告，而是用各种零碎场景和镜头来阐释什么是真正的伟大。“活出你的伟大”活动旨在激励每个人去实现自己的目标，而 NIKE + Running、NIEK + Basketball、NIKE + Training 以及 NIKE + Fuelband，则是能让世界各地的普通人像运动员一样对自身的表现进行自我衡量的工具，同时也能激发他们更加努力拼搏的斗志。

TVC 的开篇就是各种印有“LONDON”字样的建筑展现在眼前，从农场的白色水塔，到城市的伦敦广场标牌，再到海滩边 LONDON 号的小船，最后到破落建筑中的 LONDON 旅馆，LONDON 代表了什么？LONDON 无处不在，深深地将 LONDON 这个关键词植入我们的内心。

这时一个男性的声音以讲 Long Long Ago 开始诉说着他的人生阅历，“这里没有庆典，听不到致辞，没有镁光灯，这里只有伟大的运动员”。画面中不再只有生硬的建筑，镜头切换到在苦苦做仰卧起坐的运动员，在印有 LONDON FIELD 的场地上一群少年玩轮滑而过，一群骑单车的年轻人从小坡上冲滑而下绕过印有 LONDON 的土墙，一群孩子在嬉笑着抢夺橄榄球，LONDON 这个关键词和“运动”这个关键词对接起来。

“不知何故我们相信伟大只适用于那几个杰出者及超级明星身上。”这句带有疑问的语句，给了画面一个小小的转折，画面的节奏突进了许多，一群热血的青年拉着画板冲向海滩，拳击手眼花缭乱地互相攻击着对方的弱点，然而很有意思的一个细节是在讲述者说完这句话时，画面中的一个玩棒球的小男孩神情专注地盯着镜头，头微微摇动了一下，脸上带有不屑的表情，那是一种蔑视一切权威，想挑战、想颠覆的细微表情。紧接着他就成功地接住了棒球。

“而事实上伟大是属于每个人的”，这是一个巨大而低沉的转折，画面中的女子面部因痛苦而扭曲，但是胜利在等着她，坚持的结果就是冲过了马拉松的终点线。当一切都结束的时候，她面部的表情释然了。超越自己便是伟大。

“这并不代表要降低伟大的标准，而是要从每个人身上发现更多的可能”，身患残疾的男子，借助手摇三轮车，继续着飞驰般的奔跑。柔道运动员即使被对方死死压在身下，只要裁判的倒数秒数声不停，就绝不放弃反转的一击。穆斯林的女子也能为体育而战。球的玩法不止一种，侧身的一脚倒扣，也能创造奇迹。

“因为伟大不只存在一个特定的地方，也不是少数人的专利”，伟大的发生地不只在世界级的比赛现场，不只在鲜花簇拥的礼堂，不只发生在记者围得水泄不通的门道出口……正如画面中展现的那样，任何一种伟大都是从平凡开始，都是从个体开始。在密密麻麻破旧的楼宇间同样有伟大的血液在流动，楼顶简陋的设施仍然可能诞生伟大，只要你在运动，在运动中不断挑战和超越。一幕幕正在发生着的伟大瞬间快速地闪现在你眼前，LONDON 这一关键词也出现在不同的场景中。对！LONDON 即将是一个成就伟大的地方，一个在运动中成就伟大的地方。

“伟大是属于追寻梦想，勇敢实践的人。”正如片尾的那个小男孩一样，他站在高高的跳水台上，摸了摸后脑勺，虽然他不知道如何像世界级的运动员那样跳出空中的旋转，但是他想从那里跳下去，跳下去就是一个追梦的开始。NIKE 的标志在小男孩的水花中显现。这就是 NIKE JustDoIt 的奥运精神所在。

二、具有神秘色彩的制作团队

这支团队由 NIKE 以及韦柯（W + K）、睿域（Razorfish）、雅酷（AKQA）、佳艾（CIC）、传立（Mindshare）五家公司共同组成。在上海思南路的地下室内，5 家公司的几十名员工共同奋战了 17 个日夜，为的就是能确保对于任何赛场的意外都能在第一时间作出反应。[①]

临时团队时刻以各种途径和形式关注场上的每一场比赛及社会化媒体中粉丝的反应，并以最快的速度将热点事件和话题转化为品牌传播点。比如，17 岁小将 3 次试举失败，被众多媒体称为“女举耻辱”，引起舆论争论，W + K 上海客户总监徐涵轩立刻将这一信息传递给团队的制作成员，并被团队成员告知广告已经在制作过程中，于是，7 月 31 日零点“伟大有时候不在于赢得冠军，只在于赢得尊重”文案在微博上线，立即引发了大多数人共鸣。“伟大项目”Razorfish 业务主管介绍，团队会提前储备内容，并且着重关注以下四个话题：中国队与中国运动员、热门运动如篮球（在此项目上除了关注中国也关注美国）、在中国流行的但非 NIKE 赞助的运动(如乒乓球等)、运动员的个人故事。“可能有人以为很多文案是事先写好的，可事后看这些文案，再对比当时的比赛，会发现其中最精彩、最感人的地方，都不是你之前所想象的输或赢而已，”W + K 的黄湘燕说，“许多文案来自于赛后第一时间的反应，来自于很多人的讨论，不仅仅是 W + K。”

四家代理公司、一个品牌广告主在此次广告中的角色扮演明确而又融合。根据项目性质分为三组：其中一组关注赛事及媒体报道，一组关注消费者的反应，在此二者的基础之上，由头脑风暴产生创意。第三组负责与文案搭配的图片设计。方案出来后，全程参与的 NIKE 市场部及传播部全体人员快速审核。

通常，这些最终创意都是由 NIKE 的老牌合作伙伴 W + K 生成；擅长于社会化营销的 Razorfish 专注将创意用社交语言与网民进行沟通，而 AKQA 则想办法将受众的注意力从“伟大”的价值观引至“开始运动”这个行为上，并在“由此上阵”的平台展现自己。作为媒介伙伴，Mindshare 利用了可以识别用户社交账号身份的技术，再次采用了名为 Social DNA 的互动广告形式，让每个网民都能登上属于自己的“伟大快讯”，传达出“每个人都可以伟大”的意义。

三、制作团队的艰辛历程[②]

从制作团队成员记录的微博创作历程，我们能近距离地感受到这是一

① 阳子．一场平凡人掀动的#伟大#战役［J］．现代广告，2012（16）：86 ~ 87.

② 阳子．一场平凡人掀动的#伟大#战役［J］．现代广告，2012（16）：86 ~ 87.

群平凡的广告人进行的一场不平凡的战斗。

（以下文字摘选自新浪微博#活出伟大#团队部分成员的记录）

7 月 6 日："奥运战役打响，Day1！"

……

7 月 11 日："Day6 扫清障碍的过程中遇到了一些障碍，不过好的方面是不再需要一个人面对这些障碍了。"

……

7 月 25 日："Day19 还有几天，所有人都无法预测市场对我们这次活动的反馈会是什么样子，很多流程还没有在规划里写出来，很多执行细节还没有找到方法……但这些并非因为我们对创意策略没信心，方案考虑不周全。事实正相反。我觉得，这就是这个项目的魅力所在，迈向 the great unknow！"

7 月 27 日："Day21 伟大，就是把不可能变成可能！#活出伟大#"

7 月 28 日："Day22 连续工作 24 小时！"

7 月 29 日："工作那么多年，这 72 个小时应该是最有成就感的。真正的团队力量！还有 15 天。加油！"

7 月 30 日："拼了！#活出伟大#"

8 月 1 日："不能出现任何和奥运有关的字眼，不能直接描述赛场的任何数据，不能出现任何奥运运动员肖像和名字，即使他们是钩子的。最高惩罚是被描述运动员取消参赛资格。这种体育营销，谁敢做？伟大敢！"

8 月 4 日："每一天都心满意足地入睡，又热血沸腾地起床。"

8 月 5 日："第一次做 LAYOUT 做得两只手心全是汗。"

"这只是一个临时的团队，却是一个我从未见过的最齐心合力的团队，不管你从哪里来，到哪里去，这里会记住你的坚持、你的热血、你的奋斗和你的荣耀，伟大属于每一个正在追求他的人。"

"不知道是被这个临时的 Team 的激情所感动，还是被运动员感动到，感觉这个项目真的是在散播正能量，是在影响别人，是在干实事！这比多少 UGC，多少访问量，多少人抽奖，都有成就感！"

8 月 6 日："值得纪念一下这四高的日子，伟大就是让世界速度追赶你。"

"我们的今日头条产生了，转发数如打鸡血般往上飙……这就是我们在法租界一处隐蔽的地下室中 24 小时不间断工作的成果。"

8 月 7 日："我学会的是不评价对手，做好自己。"

"为什么我们不可以反应迅速？多做几套预案多准备几种可能有什么

不可以？你们看到的只是一套，你们没看到的是很多很多没有发生撕碎一地的各种可能。所有的人聚在一起加班加点为的就是最快的反应。”

8月8日：“漫长的一天结束了，争论的人们都洗洗睡了。但我们的团队还在关注女排，关注女篮，关注沙排，关注跳水，他们还在用工作支持着这些运动员，而那一个个帖子只是大家看到的一部分而已。”

社会化媒体上那些见证#伟大#的时刻（@ JustDoIt）

7月27日15：58：#活出伟大#在新浪微博@ JustDoIt 宣布启动：“一直以来，我们只相信伟大是属于少数人的，只属于那些巨星，但其实，我们都可以伟大。伟大，不限地点；不限身份；属于每一个正在追寻它的人。你，打算如何#活出伟大#”？

四、感受#伟大体#的伟大

①8月7日18：01

谁敢在巅峰从头来过，即使身体伤痛，内心不甘。让13亿人都用单脚陪你跳到终点。#活出伟大#，一起#为飞翔而战#

网络效应：转发过12万次，评论过2万条。

②8月6日22：06

伟大不需要通过裁判来鉴定，他在你我的心中已赢得伟大，伟大地“赢”牌！#活出伟大#

网络效应：转发过6万次，评论近9 000条。这条微博发出后被迅速传播，在15分钟内转发量超过1万条。

③8月6日13：57

四年，重返顶峰，你的伟大毋庸置疑。如今，你再次站在风口浪尖，即使面对亿万压力，你只需做最好的自己。刘翔，享受比赛，伟大无需给别人答案。

网络效应：转发超过3 000条，视频点播率火爆。

④8月5日03：11

赢得了对手，更赢了自己。#活出伟大#

网络效应：转发过万次，评论过千条。

⑤ 8 月 5 日 21 : 25

没有第二，32 次巅峰对决，早已让你们的伟大互相印证#活出伟大#

网络效应：转发超过 6 000 条。

⑥ 8 月 2 日 23 : 56

伟大，是从不动摇追寻冠军的决心，即使你又一次与它失之交臂。#活出伟大#

网络效应：转发超过 3 000 条，有评价“这条转发量有赶超@ 新浪体育之猛势!”

五、占领#伟大#战役的制高点

8 月 7 日，伦敦奥运会男子 110 米栏的预赛开幕，备受瞩目的刘翔在经历了北京奥运会的噩梦之后又将在伦敦奥运会上怎样？刘翔是否能夺冠，成了整个伦敦奥运会最大的焦点，NIKE 在赛前发布的最新一支视频广告，更是引起了人们的猜测与议论，所有人都在关注刘翔。

视频的制作很简单，就记录了不同的人对刘翔伦敦奥运会能否夺冠的看法：

“他要是不拿冠军的话，那就是辜负了所有人。”——体育解说员　缪良

“他想要重新证明自己，全看这一次。”——跨栏运动员　武进强

“他会怎么退役，成功还是失败，都看他自己的了。”——上海市民　秦越

“十三亿人都在关注。”——国家田径队男子 110 米栏领队

“我们希望他能赢。”——刘翔的父亲　刘学根

“因为他欠我们的。”——北京出租车司机　孙杨军

视频的最后是刘翔 110 米跨栏起跑的样子，脸上的表情凝重而坚毅，给人无限的猜测。

当刘翔 110 米跨栏在越过第一个后就摔倒在地，脸上表情因疼痛而扭曲，他的跟腱又受伤了，但他单脚跳着跳到了终点。这个结局是很多人没有预料到的，一时整个新浪微博炸开了锅。

这些微博中，有偏见：

陈述 V5：#刘翔摔倒#刘翔真能扯蛋。那明显不是他的起跑节奏。我就

不明白了，跑不了第一就不能好好跑吗？真给中国人丢脸！

童心水灵：#刘翔摔倒#唉……真的无语！就知道你拿不了牌，但也别演一场这么烂的戏好不好？怎么都跟英国人一样了，就喜欢做小动作

卧薪尝膽 niujun：刘翔摔倒后网友神评论："刘翔好不好，问问局领导；刘翔行不行，问问孙海平；刘翔伤没伤，问问赞助商；伤势大不大，问问冬日娜！"

Liu2 小姐：#刘翔摔倒#不行了就不要勉强！把机会留给别人！

两都：#刘翔摔倒#刘翔我没话说，他后面的团队是大粪。欺骗全国人民的感情，耗用纳税人的血汗钱。

善良又邪气的鱼：看到刘翔摔倒的那一刻，心里不知道是什么滋味……四年的等待、四年的汗水、还有四年纳税人的钱啊……

其实也有许多的包容：

据说你也喜欢这调调：#刘翔摔倒#你单脚的奔跑，在我心里它就是飞翔。

我们永远支持你！

Simple 简单—：#刘翔摔倒#翔哥，我们永远顶你。勇敢地面对吧！虽然摔倒，但仍是英雄！

杨彦凤：#刘翔摔倒#一直都在关注着你，无论如何你始终跨越了终点！为你骄傲！

涵熙小徐：#刘翔摔倒#如果你自己没有这个能力就不要用语言去伤害值得我们骄傲的人！身为运动员的我知道这有多么痛……请不要说他装和演！因为你们根本体会不到运动员每一天训练的煎熬和辛苦，没有一个运动员会选择在奥运会的赛场上故意跌倒或逃跑！不要用你们的无知去评判任何人！他是我们整个亚洲的骄傲！

由于体育比赛的结果不可预知，执行团队不得不为每一个营销策划煞费苦心。尽管部署周密，但刘翔的意外退赛还是给这个团队的工作带来了困难。要在短时间内（5 到 10 分钟）对这一突发事件作出反应，而且要保证传播效果，其难度可想而知。"我们针对刘翔卫冕或失利这两种情况作了充足准备，但是唯独没有想到刘翔会再度退赛。"NIKE 大中华区传播总监黄湘燕回忆道。其实，即便刘翔没有退赛，其成功或失败的具体情境也很难设想。因此，临场的应变能力是此类微博营销的关键——营销团队必须在最短时间内拿出最感动人的方案。好在 NIKE 从 2002 年就开始与刘翔合作，对于刘翔的理解很深刻。他们认为，只要将对刘翔的理解以一种平实的方式表达出来即可。NIKE 在几分钟之内就设定了最终方案——那条被转发 10 多万次的信息。NIKE JustDoIt 的官方微博在第一时间作出反应，8 月 7 日 18：01，发出了铿锵有力的声音："谁敢在巅峰从头来过，即使身体伤痛，内心不甘。让 13 亿人都用单脚陪你跳到终点。"

这一声音引爆了舆论，并在一定程度上引导了舆论的走向，让网友用理性和宽容的态度对待刘翔的摔倒。2 万多条评论，12 万的转发量，让 NIKE JustDoIt 有了巨大的曝光率和品牌感知度。

六、具有争议的#伟大体#效果

作为广告主，NIKE 这一套让各家代理公司各显神通的"组合拳"无疑取得了显著的成效，17 天中，NIKE 品牌官方微博账号@ JustDoIt 的粉丝数增加了 1.5 倍。根据 SocialBakers 的数据显示，NIKE 官方微博的粉丝数量增加了 5.7 万。而 8 月 7 日刘翔的因伤退赛也让整个"战役"达到了制高点——当晚在刘翔摔倒后所发出的事件营销微博被转发超过 12 万次。虽然也有人含沙射影指出 NIKE 这个"擦边球"擦得不够光明磊落也不够"伟大"，只不过"声势浩大"才让人误以为它才是奥运官方赞助商。只能说，没有奥组委认证的身份的 NIKE 反而成就了更多的可能。奥运会闭幕当天，正当所有人都以为伟大故事已经讲完的时候，NIKE 在官方微博上发布了一段品牌宣言，并宣告"伟大永不闭幕"。

七、#伟大体#胜利的四大原因

原因一：互动性最强的平台

伦敦奥运会被称为史上赞助商保护权益最严格的奥运会，NIKE 作为非官方赞助商，看准了社交平台能模糊弱者与强者、赞助与非赞助的区别。在中国，新浪微博已成为 3 亿受众享受一定言论狂欢的最佳场所。企业微博平台的开发，既提供了新浪微博新的赢利方式，又成为微博营销的另一主攻方向。新浪将微博广告的价值评估分成了六个层面：曝光、到达、相关性、互动、口碑效应与持续营销，同时还从五个层面对微博广告效果进行评估：第一是广告覆盖与到达（广告曝光及频次）；第二是广告的创意及相关性（广告点击率 CTR）；第三是应用页面互动数据（转发、评论、播放、@、停留时间等）；第四是口碑效应（用户分享带来的曝光和互动）；第五则是粉丝沉淀（粉丝质量与粉丝增长）。新浪有着强大的数据挖掘分析能力，这为企业微博提供了强大的后盾。那么企业微博如何借势发力就成了最重要的一个问题。①

作为首届“社交奥运会”，NIKE 借助营销 4.0 时代的东风，以企业微博为阵地，构建社会化媒体传播系统。通过社交媒体的粉丝互动来增加自己的美誉度，在抢占各种社交媒体的出口如（APP、网页游戏）中努力实现自己的一云多屏全网覆盖。这其中最成功的品牌当属 NIKE。② 在不能利用赛事图像、运动员肖像、奥运图标等诸多阻碍下，NIKE 集中发力在 @ JustDoIt @ NikeBasketball @ NikeRunning @ Nikewomen 上配合每一场赛事、每一个争议发出自己铿锵有力的声音。

原因二：升级版的“埋伏”营销

20 年前，在 1992 年的巴塞罗那夏季奥运会上，迈克尔·乔丹发现自己身陷一场 NIKE 与 REEBOK 之间的篮球鞋战争。乔丹是 NIKE 的代言人，但 REEBOK 是该届奥运会领奖服的赞助商。由乔丹率领的“梦之队”夺得金牌，乔丹在领奖时把一面美国国旗披在右肩以遮盖 REEBOK 的标志，NIKE 的另外两名代言人查尔斯·巴克利（Charles Barkley）和“魔术师”约翰逊（Magic Johnson）也采取了相同的做法。除了这种在电视上呈现的高调做法，NIKE 还在奥林匹克公园附近设立了一个体验中心，与市民进行互动，还邀请体育明星前去作秀，吸引了大量的受众。对于这种行为政府和奥委会都无权干涉，因为 NIKE 租用的是紧挨奥林匹克公园的停车场。在那届奥运会上 REEBOK 是官方赞助商，NIKE 仅仅赞助新闻发布会和美国篮球队，最终却给人留下了 NIKE 是巴塞罗那奥运会官方赞助商的印象。NIKE 击败 REEBOK 的营销方式便是埋伏营销。

如果说曾经 NIKE 伏击 REEBOK 的埋伏营销是“粗野式”的，不得已而为之，那么现在社交平台提供的这个舞台，更像是展示一场有艺术感、有记忆、而又简约经济的竞技比赛。全球经济现状仍然笼罩着整个欧洲，NIKE 如果要用重金血拼 ADIDAS，显然是下下策。社交平台最大的一个特

---

① 穆磊，李超峰微营销驶入 2.0 时代：微博广告助力企业营销［J］. 中国广告，2012（7）：133 ~139.

② 史贤龙. 4.0 时代的奥运营销战略［J］. 销售与市场（管理版），2012（6）：52 ~55.

点就是能节约成本和资源，最大的难点就是碎片化的网络世界难以以最大的曝光率抓取人心。但既然这是一个提供无限可能的平台，那只要你有实力去玩好、玩强，“病毒式”的传播也会让品牌商惊喜万分。

单纯追求简单的曝光率已经不能满足时代的需求了，在广告中有一个学术名词叫作“墙纸效应”，就是说你知道墙纸在那里，但是不会注意它，更不会关心它。曾经很多获得奥运赞助商标签的品牌，以为手握“曝光率”的王牌就能坐享比赛后的收成，这在很久以前是有很大可能，但现在几乎不可能了。“曝光率”是必要的，但作为品牌，必须加入品牌的内涵、理念、故事。NIKE 的官方微博在此次的奥运营销中，就是一个擅长讲一个有关“伟大”故事的高手。

在武功绝学上有一招叫“借力打力”，而 NIKE 此次的微博营销就有那么点味道。新浪微博满足了受众“开口说话”的巨大需求，在奥运如此大的可以评头论足的赛事面前，人们无疑会“唾沫星子乱飞”，这在微博上就形成了一股巨大的舆论势力。但是这股势力单靠某个名人，某个媒体是无法左右的，单靠 NIKE 官方微博也是无法左右的。那么，NIKE 更容易做到的就是借这股巨大的舆论势力来搅动更大力量的群体讨论，从刘翔摔倒这一轰动整个微博的事件就可以看出一二。刘翔摔倒后，微博上的舆论顿时炸开了锅，不少群众在第一时间表示对刘翔很失望。舆论也分成了两大派，一派是表示对刘翔的不满，一派是对刘翔的支持，双方开始有了对战之势。论战之时，NIKE 就出来发出了自己的声音。这个声音发得很巧妙，它既继承了之前一直不断宣传的“伟大”，又采用了一种客观的姿态，少了微博口水战的草根之气，多了一些理智的思考，少了一些官方的教条宣传，多了一些人性关怀。此声音一出，那些支持刘翔的一派感觉这句话说中了他们的心声，大批量的转发成为必然。对于不满刘翔的一派，这话忽然也让他们陷入了更深的思考之中，讨论的漩涡越转越大。很有意思的是，NIKE 搅动的更大的舆论势力出现了第三派，就是对 NIKE 广告评头论足的一派，这些人中有说 NIKE 广告做得好的，有人识破这是 NIKE 广告的，也有不屑这种广告模式的，但不管怎样，既然他们评论了这条微博，这支广告就是成功的。

原因三：闪电营销

在自由媒体时代有业内人士总结了 8 分钟定律：如果一个品牌对赛场上当即出现的重大意义事件，在 8 分钟之内没有做出第一反应的话，就被淹没在声浪中了。[①]“体育用品的广告比较倚重事件，例如NIKE的企业微博始终跟着奥运的进展走，对一些事件、成绩都有反应，微博就是及时广告，这一点做得非常娴熟。另外，能够做出快速反应，就说明本身是有准备的。比如对于刘翔这样的运动员，什么情况做出什么反应，广告团队应该有预案。快，能体现品牌的态度，表现品牌的素质。”上海大学广告品牌研究中心主任张祖健认为快是制胜的关键。此次NIKE的微博营销是以小投入博大效果，但这需要深厚的业界资源优势，有业界人士表示，NIKE的信息之所以能够如此迅速地传播，和体育界名人大量的转发微博是分不开的。这种自愿的转发来自于NIKE一向良好的业界关系维护。同时这种闪电般营销的核心还是内容，“内容为王”亘古不变，搭上技术便车的品牌，在创意上的一鸣惊人是将对手置之死地的法宝。创意也是最难能可贵的。

原因四：人性化视角

据相关数据显示，通常情况下投入1亿美元，品牌的知名度可以提高1%；而赞助奥运，投入1亿美元，知名度则可以提高3%。[②]因此，奥运会被几乎所有企业看作是一个实现梦想的机会。于是，对于那些非奥运赞助商来说，如何能够分割到一块奥运盛典的蛋糕，成了他们在特殊时期的特殊营销目标。而在伦敦奥运会期间，NIKE借助微博等社会化媒体针对众多奥运参赛者的喜怒哀乐演绎的“伟大”广告，更是从人性的视角触动了公众。NIKE的人性化视角与它的品牌文化紧密相关。NIKE不只卖运动鞋，它所出售的是一种生活方式，这是它成功的关键。这个标志对于人心的激励，以及这一品牌文化背后的干劲与决心，是与每个人都有关的，不管你是不是运动员。NIKE运用一种励志式的语言来激发消费者，不管你是谁，你的头发或皮肤的颜色是什么，你遭遇了身体上或社会生活中的什么局限，NIKE说服消费者，“你一定可以办到”。

八、#伟大#战役之后的思考

整个文案，并没有理论上的那么完美，虽然图片和文字都具有一定水准，但还是在一定程度上低估了微博受众对广告的敏感性，文案一出很多受众都意识到了这是NIKE的广告，由于刘翔是穿着NIKE鞋跑步的，所以

---

① 冯利芳等．奥运好声音［J］．成功营销，2012（9）：38～44．

② 崔静．浅析埋伏营销对奥运营销的营销［J］．现代营销，2012（9）：53～54．

NIKE 如此快的反应速度和公关意识很快被大众识破，并且有戏称“穿 NIKE 鞋，才会单脚跳”等。如何避免商业广告的“刻意”、“做作”等不尽如人意的地方是后继者应该继续思考的。

【中国长城广告奖金奖】

信服，源自体验——《海绵街》的体验营销之道

体验经济时代的到来带来了体验营销，体验营销的关键在于一切的出发点和落脚点都是以消费者为中心，其魅力在于让消费者产生美好的体验感受。服饰品牌开始将体验营销作为一个不可分割又井然有序的部分，以便对顾客进行产品和品牌的宣传，树立良好的形象。

一、Clarks《海绵街》背景

Clarks 是来自英国的经典品牌，创立于英格兰南部的萨默塞特郡。1825 年，在一个叫斯特瑞特的古城里，塞若斯·克乐适（Cyrus Clarks），一个经营羊皮地毯的生意人，创建了 Clarks 品牌，随着兄弟詹姆斯（James）的加入，Clarks 开始生产羊毛拖鞋，推出“Hygienic line”鞋履系列，以体贴人脚线条形状为卖点而大受欢迎，这为 Clarks 建立了舒适便鞋生产商的品牌形象。

2004 年，中国区的 Clarks 公司成立，在中国的市场上迅速扩展占有率，建立连锁零售店，增加在中国的销量，不断将时尚的英伦风潮和最为舒适的品牌体验带给中国的消费者，Clarks 全球 C7 店铺的形成给消费者提供了舒适的购物空间，带来温馨贴心的体验。

如今，这个拥有近两百年历史的品牌，发现了这样一个惊人的事实：在中国，每位女性一年逛街走过的路程累计达 1 200 公里。虽然不是每位女性都穿着高跟鞋逛街，但是她们的鞋子足够舒适吗？不舒服的鞋子，让她们必须忍受脚底疼痛的折磨。因此，Clarks 针对中国的女性消费者隆重推出了“沙发软垫科技”——前掌利用乳胶泡棉的弹性，后跟加强软垫有效吸收地面的冲击力，高密度的泡沫和缓冲软垫给女性逛街的双脚带来呵护和舒适感。但是如何才能让目标消费群——年轻的都市女性愿意尝试这

件新产品呢？如何才能让消费者认识到 Clarks 的沙发软垫技术与其他竞争产品的差异呢？最重要的是，如何把这种非凡的舒适感最直接最充分地传达给消费者呢？睿狮广告传播公司巧妙地利用了体验式营销，做了一个名为《海绵街》（Clarks Sponge Street）的环境广告，让消费者用最直观的方式感受到了 Clarks 的新科技，甚至无需她们一一试穿。

为了最大限度地接触目标消费群，《海绵街》制作团队将体验的地点选在繁华的大型购物广场。为了模仿真实的路面，制作团队特别订制了2 500平方米的海绵软地砖，在体验活动开展的前一夜，工作人员整夜奋战，一车车特质海绵垫被运送至活动现场，整齐地铺在街道上，整条繁华的购物街变身成为 Clarks“海绵街”。模拟柏油纹路的海绵取代了购物商场周遭的人行道，每一个路过的消费者都能穿着自己的鞋子真实地感受 Clarks 的舒适，“Clarks，舒适每一步”的广告语也用醒目的白色油漆刷在“海绵街”上，在这条“海绵街”的尽头，设置的是 Clarks 的精致展台。

体验活动开始当日，在毫不知情的情况下踏上“海绵街”的路人都会因为触感猛然一惊，待看清脚下是 Clarks 的海绵地砖时，便尝试感受其带来的柔软触感，走上“海绵街”的年轻都市女性、带孩子的家长、甚至上了年纪的老人，还有宠物狗，都用自己的方式体验着走过这样一条有趣味的道路，跑、跳、试探性的每一步都带着喜悦和惊奇。宣传人员恰逢其时地在“海绵街”上递上 Clarks 的宣传小册子，并引导每一位体验者走向街尽头的 Clarks 多层圆形展台。

在一系列“顺水推舟式”的体验活动下，目标消费者被一条神奇的道路不自觉地引向 Clarks 的销售展台，进而试穿和购买 Clarks 沙发软垫系列产品。

图 1　“海绵街”活动现场

在体验活动期间，每天有超过800位消费者试穿Clarks的沙发软垫系列，在活动开展30天后，Clarks沙发软垫的销量增长了3倍。Clarks利用这次户外的体验营销，提升了品牌知名度，促进了新产品的销售，重要的是给消费者创造了一个舒适、愉悦的美好体验，中国的100多个专卖店正在将Clarks品牌“海绵街”的体验活动继续下去。

二、Clarks《海绵街》营销之道

《海绵街》作为户外广告案例，赢得了2012中国艾菲奖（大陆地区）金奖，也得到了社会的广泛关注和认同。《海绵街》的案例视频在微博等各大门户网站上得到频繁地转发和分享，网友们纷纷评论Clarks沙发软垫系列产品的此次体验营销创意十分棒，执行也是非常到位，并强烈建议在自己所在城市也铺设这样一条“海绵街”。

当商业中融入了浓重的人文关怀，营造出具有独特魅力的人文气氛的时候，品牌开始与消费者的情绪、情感等心理需求紧紧相连，丝丝入扣地为消费者创造了一种与现实生活相似而又超越现实的情景。无论是宜家中营造轻松愉快、自由随意、温暖舒适的家居购物环境，还是星巴克建立的“第三空间”的下午快乐时光，抑或是Clarks《海绵街》设计的户外体验营销活动，都是商家从消费者的角度出发而设计的体验营销方式。它们都具有相同的特点，就是以顾客需求为导向，以和顾客亲密沟通为手段，以满足顾客的需求为最终目的。

Clarks《海绵街》的成功之处在于用直观的方式让消费者在产品中体验到不同于其他产品的感觉，也是一种消费者想要得到的体验，从而增强了消费者对产品的兴趣，激发了人们的购买欲望，最终达到增加销售额和树立品牌形象的目的。

对于Clarks新推出的沙发软垫系列产品，除了Clarks品牌的忠实粉丝，一般消费者对其技术、产品都不会有太深入的了解，Clarks可以选择做一般的广告，详尽描述新产品先进的技术，突出沙发软垫的核心竞争力——柔软舒适，但如果只这样做，即使将此科技吹嘘得再先进，也难免落入俗套。Clarks别出心裁地在上海商业中心之一的我格广场打造了一场户外体验的“盛宴”，让人眼前一亮。Clarks《海绵街》充分挖掘了新产品的特性，引导消费者体验，体验过后，消费者对Clarks新产品的特点有了直观的感受，这种感受是自己亲身经历之后得来的，是主动获取到的信息，而不是产品的商家强行灌输的，而且得到信息的经历是个充满趣味性的过

程，柔软舒适的感觉比任何费尽唇舌的广告语都容易让消费者信服。消费者体验完了之后带着愉悦的情感，便会产生对产品的好奇心和新鲜感，进而想了解关于产品的更多信息，不仅如此，在经历过如此难以忘怀的体验后，消费者会乐于和身边的朋友分享，这样又达到了口碑宣传的目的。

体验是消费者对于一些新奇刺激的消费项目或者活动的亲身经历，也包括对这些亲身经历的项目、活动、产品、服务的感受，在一定的社会经济条件下，消费者会对体验表现出越来越强烈的需求，人们更愿意去尝试新鲜、刺激、独特和令人难忘的经历和感受，只有经历过后，消费者才能记住产品。在作出购买决策时，消费者回忆起产品或服务给他们带来的心理满足感，更倾向于选择自己体验过的品牌。

三、体验营销的内涵及特点

人类社会进入21世纪后，经济迅速发展，消费方式也逐步改变，美国未来学家阿尔文·托夫勒（Alvin Toffler）预言，经济的发展将由过去的农业经济、工业经济、服务经济走向“体验经济”，人们会越来越多地创造出有关体验的活动，商家将竞相提供体验性服务来赢取消费者的青睐。

以服饰为例，在农业经济时代，生产行为以原料生产为主，人们自己织布、做衣服和鞋子，遵循的是自给自足的原则；到了工业经济时代，制造商品是主要的生产行为，人们购买成品布请裁缝师傅缝制衣物和鞋子；进入服务经济时代后，消费行为是以服务为主导，强调分工以及产品功能，消费者在服装店、鞋店购买适合自己的各式各样的服饰；当服务经济走向了体验经济，商品就沦为道具，消费者追求的是情感和精神境界，服饰店已经不仅只是卖衣服了，更多地强调整体搭配，凸显个性和品位，推出专卖店和各种体验活动以体现品牌的核心竞争力。

体验经济时代的营销模式也随之发生变化，产生了体验营销这一适应时代发展的营销模式。目前对于体验营销的定义大致有以下几种：①

（1）体验营销是一种新的思考方式。这种观点认为，体验营销是经营者站在消费者的角度去体验消费者的购买理念、购买程序、购买心理和购买原动力，亦即从消费者的感官、情感、思考、行动和关联五个方面，重新设计和定义营销的思考方式。

（2）体验营销是一种营销方式。这种观点认为体验营销就是企业通过

① 王成慧. 体验营销案例研究［M］. 天津：南开大学出版社，2011. 5.

采用让目标顾客观摩、聆听、尝试、试用等各种方式使目标客户体验产品与服务，以便顾客感知产品或服务的品质和性能，促使客户认知、偏好并购买这种产品（或服务），最终创造满意交换，实现双方目标的一种营销模式。

（3）体验营销是一种管理思想。是对应于消费者行为流程的营销策略的整合与一体化管理。

（4）体验营销是一种增进赢利能力的商业模式。该观点从实践层面对体验营销进行阐述，认为其涉及了企业战略管理和运营管理两个层面。

不管是哪一种关于体验营销的定义，共同点都在于商家不仅需要重视产品本身的价值，还要重视产品给消费者带来的感觉，关键是要把关注点放在消费者身上，通过亲身体验，满足消费者某一方面的期许，从而让消费者信赖，进而自动贴近并且主动宣传该产品，并成为忠实的客户。

"体验营销"是较为早期的提法，但一直保持着其新鲜度，这是由体验营销的丰富内涵决定的，体验营销是让消费者通过看、听、做、思考等直接参与体验的方式，使顾客实际感知产品、服务的特有性能和良好品质，其感知的方式是可以不断创新和变化的，能给顾客带来愉悦的情感体验的方式也是多种多样。如何找到让消费者参与其中的点，形成共创，让消费者进入其中并且推动传播，才是体验营销一直保持活力和魅力的关键点。

Clarks 的《海绵街》案例找到了体验营销的一个新的闪光点，即目标消费者不需要刻意去寻找，而是在不知不觉中就进入了 Clarks 布下的"天罗地网"中。消费者只是如平时逛街一样，在毫不知情的情况下猛然踏上"海绵街"，被 Clarks 营造出的柔软触感所触动到，这给消费者带来的刺激和记忆是极为深刻的。Clarks《海绵街》的这种"山不过来，我就过去"的营销创意，能吸引和感动到更多消费者，让消费者由刚迈上"海绵街"的"被动体验"到后来的"主动体验"，真正实现了以消费者为导向的理念。

四、从 Clarks《海绵街》看体验营销的管理体系

体验营销是一个整体过程，从产品设计一直到推广的整个过程的每一个环节，都是体验营销的重要组成部分，每个步骤都必须站在消费者亲身体验的角度来思考，考虑消费者看到、听到、感觉到的时候会产生怎样的情绪和感受。体验营销的完整过程包括对目标消费者的选择、对目标消费

者的市场调查、对体验营销主题的确定、对体验营销环境的具体设计和实际执行五个部分，每个环节都需要进行精心地设计，环环相扣，才能保证整个体验营销顺利运行，为消费者提供有趣的、吸引人的、值得回味的体验。

（一）消费者的选择

在品牌创建的过程中，确定目标消费者是最重要的部分，目标消费者要与该品牌的定位相对应，营销的活动也如此，要有针对性地与目标消费者的需求相结合进行接下来的一系列活动，才能直接有效地提高营销效率。不同的消费者会对产品和服务有不同的需求，在营销活动进行的过程中关注点也会不一样，所以对不同的消费者，安排体验活动的内容和深度都会不一样。

Clarks 作为在英国销量第一的零售品牌，全球销量第一的皮鞋品牌，从鞋的款式到面向的消费者都是多种多样的，但是品牌给消费者的整体形象一直都是以体贴人脚线条的形状，以舒适为品牌的核心竞争力，并为儿童鞋履树立了舒适合脚的模范。英国的家庭甚至有这样一种说法，如果一对父母没有为孩子购买一双 Clarks 的鞋子，不算称职的父母。2012 Clarks 推出的沙发软垫系列产品就明确了目标消费群体，即年轻的都市白领女性，精准的定位使得 Clarks 接下来的体验营销活动能够有的放矢，合理利用资源，最终达到推出产品，促进销售的目的。

年轻的都市女性是黄金消费阶层，是感性消费的女王，如今也引领着主流的消费潮流，喜欢有趣、符合自己个性的商品。她们最突出的特点是容易受到情感的驱使对品牌产生购买欲望。从心理层面来看，女性消费者可能因为一瞬间的感动，花超出产品本身百倍的价格进行消费。所以体验营销的感官营销和情感营销对于感性的女性消费者来说最为受用，而影响的关键在于所设计的体验营销活动究竟能包含多少产品或服务的信息量，而这些对产品或服务的体验又有多少能够不损耗地传递给女性消费者。

（二）对目标消费者的市场调查

在体验营销的整个过程中，调查是一个贯穿始终的步骤，前期确定目标消费者之后对消费者的市场调查，营销活动结束之后的效果调查，对于整个体验营销都是不可缺少的部分。目标消费群体确定为年轻的都市女性之后，就应该对女性消费者的购买心理、购买能力、购买行为、社会文化、经济等影响因素进行全面调查，再拟订营销计划。

《海绵街》的体验营销活动抓住了女性消费者的购买行为特征，地点设在上海的我格广场。我格广场坐落于武宁路普雄路口，跨苏州河的武宁路桥连接普陀、静安两区，是普陀区的门户地标，该广场一直以“坚持梦想、无限创造”为品牌精神，不仅仅是武宁地区潮流品牌的聚集地，更重要的是为上海个性潮流的年轻人打造了一个秀出自我的舞台，倡导着一种个性文化。这条长长的“海绵街”就铺在这样一个拥有无限创造力的舞台前。选择在上海开始 Clarks 沙发软垫系列产品的营销活动，首先符合 Clarks 中高端市场的品牌定位，上海的国际化氛围很大程度上对女性消费者的消费观有影响，使得女性消费者对品牌有着更高的追求；其次符合 Clarks 沙发软垫系列针对年轻都市女性的定位。我格广场打造出的潮流、创造的氛围，容易吸引年轻的消费群体聚集，在休息日或者节庆日进行体验营销活动，能自然地将目标消费者聚集在一起，达到让她们亲身体验的目的。

另外，营销团队为 Clarks 的《海绵街》活动做了社会背景调查，因为 Clarks 的目标消费者是年轻女性，她们的最大特点是爱逛街，但是长时间的逛街会让女性的脚感到不舒服，而沙发软垫系列的核心技术是沙发软垫和高密度泡沫，核心竞争力是鞋的柔软舒适，所以 Clarks 在营销活动中特别提出了一个调查得出的事实：在中国，每位女性一年逛街走过的路累计达 1 200 公里，在此基础上提出疑问，在这么长的路程里，她们的鞋能否保护她们的双脚，是否能让她们体会到即使长时间走路，也有在软垫上行走的感觉，从而自然地引出了 Clarks 的沙发软垫系列。

（三）体验营销主题的确定

体验必须要设计一个主题，体验营销的整个过程必须从这个主题出发，并始终围绕这个主题进行，甚至整个环境的设计和活动过程中“道具”的设计都该围绕这个主题，比如一个以海洋为主题的公园，整个公园不仅内容会与海洋相关，甚至连指示牌、垃圾桶、公园的配套设施等细节都应统一在海洋的主题下，营造出浓郁的海洋氛围。即使是单一的营销活动，主题的设计也是通往成功营销之路的最重要因素之一，一个精炼的主题往往容易让人对体验营销活动产生兴趣，让消费者愿意参与其中，并且在结束之后能产生持久记忆，而一个拙劣的主题甚至不能引起消费者的兴趣。

创意好的体验主题往往有一些可以总结的规律和特点。首先，好的体验主题必须精简明确。主题是对整个体验营销的归纳概括，这就要求其传达的内容必须简单明了，具有高度的概括性。消费者对一个广告作品或者一次营销活动的记忆要经历瞬时记忆、短时记忆和长时记忆三个阶段，任何广告作品和营销活动都必须经过瞬时的感知和刺激，然后通过短时记忆的加工，最终转化为长时记忆，这是一个重要的过程，很多信息都会在这个过程中丢失，如果你在有限的时间里想表达的东西太多，缺失的信息便会越多。主题的确立应该提纲挈领，只抓住其中最重要的一两个点，让消费者不被多余的信息干扰。其次，好的体验主题必须与品牌的整体形象相协调。体验活动的设计要符合品牌的整体定位。再次，有魅力的主题设计必须调整人们的现实感受。体验营销吸引人的地方在于消费者能亲身参与进来，主动对产品或服务提出个性化的需求，在这个过程中，体验要充分激发消费者自身的创造力和想象力，使他们得到成就感和满足感。

中国艾菲专家委员会执行主席、国际广告协会全球副会长、曾任智威汤逊东北亚区董事长暨全球执行副总裁的苏雄（Raymand So）在点评《海绵街》时这样说道：所有的广告，都有一个非常重要的要素，就是简单，所以任何一个广告活动的设计和广告剧集的表达，如果你能让它越简单，消费者的感受就会越真实，接受越明确。在Clarks《海绵街》的案例中，这个广告所传递的最重要的信息是让消费者知道Clarks的沙发软垫系列的柔软，能让人走路舒适，除此之外，没有任何关于这一新科技的制作技术或者皮质如何好的多余信息，其采用的是最容易让消费者洞悉的方法，也是最容易让消费者产生长期记忆的方法。

Clarks《海绵街》的体验营销活动有非常明确的主题——舒适感。在活动中，从环境到道具，每一个环节的设计都契合了这个主题。特制的海绵垫，营造出舒适柔软的环境，也是体验的核心部分，海绵垫上出现的“舒适每一步”的广告口号和派发的宣传小册子是呼应主题的有力道具，地点和时间的选取和Clarks沙发软垫系列整体定位完美结合，也和消费者面对面直接沟通，在情感上给消费者带来舒适的感觉。

（四）体验的环境设置

精心设计体验场景是体验营销流程需展开的重要工作，当消费者被带入体验的环境中时，场景的设置将直接影响消费者的体验效果和最终的购买决定，场景的设置需要创造自由、开放并与产品或服务属性相关联的气氛。

Clarks《海绵街》在消费者的感官、情感、思考、行动和关联五个方面都渗透了环境的设计，并把重点放在对消费者的感官营销上。感官营销的目标在于创造知觉体验，包括视觉、听觉、触觉、味觉与嗅觉。视觉和听觉是最直接的感受，可以反复传达信息，引起人的注意和联想。如今，也有很多体验营销将重点放在味觉和嗅觉上，比如卡夫2008年冬天在芝加哥街头给消费者带来的温暖营销。卡夫食品公司斥资10万多美元在芝加哥市中心的10座公交车站的候车厅里安装加热设备，并摆放Stove Top品牌的广告海报，广告语是："冬天带来寒意，Stove Top带来温暖。"并且，散发的热气中还弥漫着食物的香味，使芝加哥的市民能在寒冷的冬日里在户外找到一个像家一样温馨的场所。[①] 这种利用嗅觉体验的营销给消费者留下了极为深刻的印象。Clarks《海绵街》则将重点放在触觉上，体验营销的整个过程让消费者将注意力集中在脚下的感觉上，用自己的鞋感受了Clarks沙发软垫系列的柔软触感，同时配合视觉的营销，地面上的广告语在时刻提醒消费者，说明体验到的是Clarks的产品，从而使消费者产生联想，Clarks沙发软垫的鞋真实的感觉怎样，进而会产生尝试的念头，如此，既让消费者愿意亲身体验其带来的感觉，又愿意与品牌和产品做进一步的接触。

Clarks《海绵街》在我格广场的体验营销活动现场的情景设置十分精心，"海绵街"铺设在我格广场的中央，"海绵街"的尽头是Clarks沙发软垫系列产品的展台，商场的门前是逛街人群的必经之路，人们在逛街的时候经历这样一段有趣的体验后容易对Clarks品牌产生好感。而在《海绵街》的广告片中，我们能从视觉和听觉上体验到整个营销活动的情景和氛围。广告片描述了《海绵街》活动产生的背景，展现了海绵街诞生的过程：工作人员搬着几卡车的特制海绵垫，连夜铺设，还拍摄了活动开始当天踏上"海绵街"的路人的各种反应，以及在体验过后选购Clarks的鞋的过程。广告片选择了轻快的音乐，让没有去过现场的观众仿佛也正穿着鞋踏在Clarks软垫上，随着节拍摆动身体。

（五）体验营销的实施执行

阿里巴巴董事长马云说过这样一句话："一流的创意，三流的执行力；三流的创意，一流的执行力，我宁愿选择后者。"[②] 一个好的营销创意，需要一步一步脚踏实地依计划进行，倘若在整个营销过程中定位准确，对目标消费者的调查真实详尽，对体验主题和情景的设计也充满创意，但是

---

① 闻涛. 卡夫食品的"温暖"营销［J］. 市场观察，2009（1）：67.

② 马云"赢在中国"第二赛季的评论.

在实施执行的时候偷工减料、敷衍了事，也很难让消费者在体验中留下深刻的印象。

Clarks《海绵街》的创意并不是最新鲜的，但执行力度却是此类作品中最强的代表。模拟真实路面的海绵地砖，每一块都切割得整整齐齐，在地面上严丝合缝，铺设得如同真实地面一般平整，工作人员连夜将“海绵街”制作完成，仅仅经过一晚，如此有创意的“海绵街”便横空出世，给消费者带来的震撼可以想见，并兼顾效率和质量，这也是 Clarks《海绵街》的户外广告营销最终取得成功，获得艾菲金奖的重要一环。

从 1999 年提出体验经济的概念至今，消费者的购买方式和消费方式都发生了改变，这种改变也给企业的经营活动带来了新的思路，促使企业不断作出改变。体验营销不是单一的活动，而是一整套系统的流程，核心就是消费者，企业必须结合自身品牌的特点，以消费者为中心不断创新和改变营销模式，只有将体验贯穿始终，才能最终实现消费者利益和企业利益的共同最大化。

交　通　类

【艾菲奖台湾地区金奖】

台湾高铁《买鱼篇》

台湾高铁继 2008 年中秋节前推出第一则返乡系列广告后，为了进一步巩固和拓展开发高铁客运，2012 年抢在清明、儿童节前推出第二则返乡系列广告《买鱼篇》。情感营销一直是台湾广告的拿手好戏，继 2011 年台湾奥美为其制作的一系列 TVC 大获成功之后，再次以亲情为“诱饵”，以人文关怀为卖点，继续宣传其高速、直达的理念。“你有多久没回家了?”这句看似平常的询问构成了这一支广告片的主题，看似平淡却道出了游子的心声。

台湾高铁坚持走“情感”路线，用最质朴的广告语，对准游子内心最脆弱的那一块展开攻势，不断向观众灌输“亲情”理念，在影视的艺术演绎下，“你有多久没回家了?”这一简单的询问在游子看来变成了刺痛内心的质问。广告再次产生了巨大的反响，台湾高铁的“温情”印象进一步深入人心。

一、2012 台湾高铁返乡系列影视广告——《买鱼篇》

返乡系列影视广告之《买鱼篇》沿用“亲情”作为叙事中心，描述了一名普普通通的父亲面对即将归家的游子溢于言表的喜悦。《买鱼篇》出自资深广告导演邓勇星之手，2011 年他以长篇剧情片《到阜阳六百里》，获得金马奖最佳原著剧本、最佳女配角两项大奖。

广告片开始，一名穿着朴素的中年男子骑着自行车出现在菜市场里，为了迎接游子回家到市场买菜，他来回穿梭于菜市场的各个角落，不厌其烦地挑选，脸上不时流露出满意的神情，在操着浓重台湾乡音与菜市场老板娘的交谈中，那种发自内心的喜悦被展现得一览无余。

接下来父亲在鱼摊前的抉择使整个广告片的叙事达到了高潮。眼见一尾白鲳要价 600 元（新台币），父亲思索片刻后一咬牙正要掏钱，却接到孩子工作忙无法返家的电话。父亲难掩失望，马上请鱼贩换成了便宜的小鱼，最后孤独返家。父亲这种从喜悦到失望的转变也许在他自己看来已经习以为常了，他能理解孩子无法归家。不过在子女们看来，自己的这种行为已经深深伤害到了父亲。

广告片结尾向所有观众提出了一个质朴的询问——“你有多久没回家了?”最后伴随高铁呼啸而过的画面，提醒外地游子：“回家吧!”

整个广告片从头到尾没有花哨和拖沓的镜头，只是单纯地表达出一个理念“是时候回家看看父母了”。广告呈现的并非价格，而是亲情的价值，高铁传递的不是速度，而是亲友相聚的温馨，重点在于唤起忙碌生活中被忽视的亲情，“这才是无价的”。这个诉求与观众“一拍即合”，煽情、动情，引起受众深深共鸣。

图1　台湾高铁广告《买鱼篇》

（一）市场背景

台湾高铁运营5年以来，虽然在成功吸引台湾市场的长途商务旅客后开始赢利，可是要想继续增加赢利收入，还必须不断开发新客源并创造机会，增多游客往返频次。

台湾交通运输业竞争激烈，在与台铁、民航和国道客运争夺客运市场的压力下，要想突围，台湾高铁就必须有足够强大并且能够打动消费者的驱动诉求。作为一种新近出现的交通方式，台湾高铁就不可避免地同时存在着优势和劣势。台湾高铁以其出色的设计和高科技应用大大提高了大众的出行速度，同时伴随而来的是运营成本的大幅度升高，直接的反映就是居高不下的票价。这成了台湾高铁平时空车率极高，只有在节假日才人头攒动的主要原因之一。与祖国大陆一海之隔的台湾，同样深受儒家传统文化影响，有很强的“家”的观念。中国人很重视节庆，习惯在固定节日返乡，这造成了在重要佳节前夕高铁一票难求，而平常周末节假日的空车率高居不下，这成为阻碍台湾高铁客流量增长的另外一个重要因素。

同时，在台湾岛内，2012 年整体经济形势不佳，居民消费短期大幅回升的机会较小；岛内油价波动带动燃料费上涨，导致自用小客车成本增加；当局推行大众运输以及绿色运输为高铁等大众交通工具的发展提供了更大契机。麦肯公司发言人告诉 Campaign 亚太，交通拥堵以及过长的旅行时间使众多都市人失去了周末游览台湾的兴致。从台北到高雄要 4 小时车程，有了最高时速达 300 千米/小时（约 186 mph）的台湾高铁，这段旅程可缩短至 96 分钟。

如何以动之以情的传播诉求，形成一个能够被社会普遍关注，引发消费者反思的议题，进而引起消费者改变行为，成为高铁成功突围的关键。

（二）目标受众分析

台湾高铁过去一直以它高品质的服务，较短的旅行时间，强大的运输能力和较多的班次为诉求点，在广告中表现更多的是快捷高效的商务生活，针对都市白领这类商务旅客，在商务市场接近饱和的今天，要想继续扩张赢利，必然面临着受众群体转变的问题。

寻找一个足够大的受众群体，外地游子成为台湾高铁的最佳选择。和祖国大陆一样，台湾也有极端的都市化现象。据统计，背井离乡求学工作者占整个都市人口的 1/3 以上，越来越多的人为了生活、工作向都市聚集，这种趋势还在不断地加强。现阶段在台湾有返乡需求的人群，大概可以分为两类：第一类是已成家一段时间的人，有子女。这类人群由于家庭成员多，返乡时间协调难度较大，受诸多限制，返乡的总成本也相对较高。同时这类人群多为小家庭，基本的家庭结构已经形成且较为稳固，家庭成员共同居住孤独感较低，较倾向于仅在固定节日返乡。第二类是单身或是成家不久的人，无子女。这类人群家庭人数较少，受限较少，返乡总成本比较低，平时较容易感到孤独，返乡时间更自由，较少受限于固定节日。

（三）广告运动目标

台湾高铁将本次传播活动的任务定为改变消费者行为，让他们在“原本不会返乡的日子”搭乘台湾高铁返乡。用“亲情”诉求打动消费者，以求在看过广告片后，消费者克服其他阻碍，选择台湾高铁踏上返乡之路。这让高铁销售业绩在没有任何促销方案的淡季（非节日期间）相较上一年增长了5%。

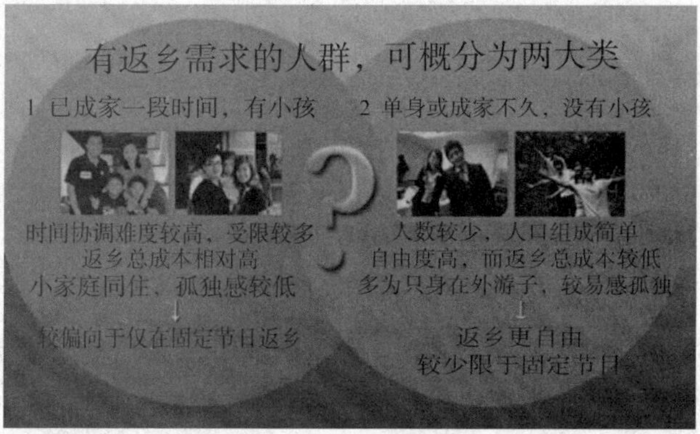

图2　台湾返乡需求人群分类

（四）创意策略与媒介策略

在创意策略上，如何才能在以上所说的两类人群中找到一个共同的诉求点呢？人生的阶段不同，回家的理由也各不相同。选择何时回家，回家做什么都不相同，难以有共同的刺激物。通过访谈发现，长居异地的子女心中都存在着一个最大“公分母”，即回家的最大刺激：家乡至亲的殷殷期待和心中那股无法常伴至亲身旁的淡淡内疚。最后得出“百忙之中的你，有多久没回去看父母了”这样一个主题。

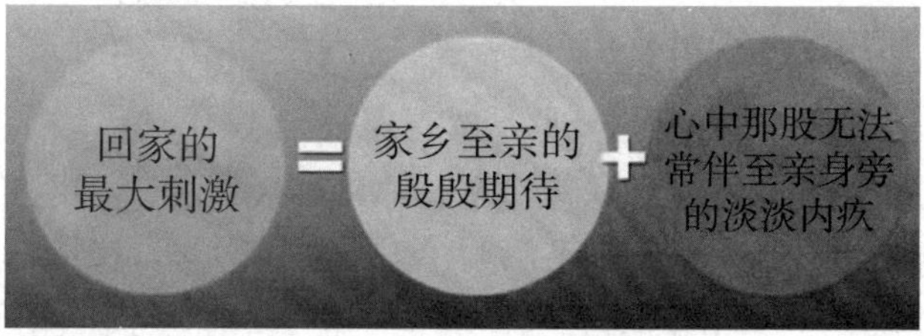

图3　返乡的最大刺激

在广告片的创意上，选择了两个角色：普通的台湾父亲和他的女儿珮珊。父亲代表了无数在家中殷殷期待子女返乡归来的父母，而珮珊则代表了那些在外地工作、学习而不能常常返乡看望父母的游子。片中父亲与女儿的感情碰撞，引出现实中受众与自己父母的感情碰撞，通过极其写实的剧情把受众带入故事中。最后一句简单的询问“你有多久没回家了”使入戏的受众心弦触动并引发共鸣。这样，一个强有力的诉求最终转化为受众迫不及待购票返乡的行动。

广告片提出了台湾高铁的主张:“真实接触、亲身相见，才是真孝顺。”强调“亲情”诉求，全方位加强与受众的情感沟通，向受众传递台湾高铁是一个优质的、负责任的品牌，提升品牌的影响力，拉动品牌的销售。受众在看到台湾高铁这个品牌联想到的不再是它偏高的票价，而是它负责任的态度，这是它温馨的一面，从而使受众想起自己是不是该回家看看父母了。

图4　台湾高铁的主张

至于媒介策略，针对在外地工作学习的游子的媒介接触特点，在预算相对较少的情况下，选择以网络传播作为主要手段，采用贯穿整支广告片的“亲情”策略，选择在清明节、儿童节前投放，通过网络媒介的传播交织着受众自发的人际传播，传达以感情层面为主的内容，以求受众受到潜移默化的影响，使传播效果得到最大扩展。

在基于一个强有力的亲情诉求的基础上，台湾高铁采用“病毒营销”策略，让信息在短时间内、爆炸式地扩展到整个社会。这种传播效果完全是受众自愿接受的，最具影响力和说服力，以较少的成本支出达到可观的传播效果。

（五）广告活动效果

台湾高铁公司这支“你有多久没回家了”的广告选择在清明节和儿童节前夕推出，主要在网络上投放返乡系列广告《买鱼篇》，除此之外其他的推广、促销费用几乎为零。通过强大的“病毒传播”效应，以极低的成本迅速蔓延到广播、电视、报纸、杂志等传统媒体当中。

广告片《买鱼篇》通过网络和电视的发布取得了极好的效果。广告片播出后，引起网友疯狂转载、讨论，从外地求学、工作的游子到家乡殷殷等待游子归来的父母，从普通网民到演艺明星，《买鱼篇》完全是以“病毒传播”般猛烈蔓延。从视频网站 YouTube 到社交网站、影视中心以及不计其数的个人博客上都出现了该广告片的观赏页面。广告片通过受众自发的口碑传播蔓延到了网络的每一个角落，而且这种沟通不像传统的电视广告，观众观看次数不受限制，观赏过程不受任何其他广告的影响，其传播深度亦非传统广告所能比。

台湾高铁《买鱼篇》通过深刻的剧情成功传递了返乡与家人团聚的情感诉求。由 Ipsos 进行的广告测试显示，《买鱼篇》在记忆度、关联性以及促购力上都有优异于常的表现。《买鱼篇》广告的记忆度较以往任何台湾高铁广告上升了 57%，对画面的记忆度上升了 36%，受到广告片的影响，受访者未来搭乘高铁的意愿大幅度上升。《买鱼篇》在 YouTube 视频网站上的点击率达到过去台湾高铁广告点击率平均值的 42 倍。据广告发布后的乘客统计数据了解，乘客数较上一年同期增长了 7%，高于原来设定的 5% 的增长目标。在售票收入上，增加了 264 838 302 元（新台币）。

广告不可只有销售力，还必须具有影响力，台湾高铁做到了。广告推出后，网友们在网络上展开了激烈的讨论。看完广告片网友们纷纷展开反思，有网友形容《买鱼篇》“连男人看了眼眶也会湿润”，也有艺人贴上社交网站形容“太催泪”，想要赶紧回家买大白鲳孝敬父母。台湾高铁甚至还接到民众反映，说是妻子看了广告痛哭流涕，希望高铁提供播出时间。包括台湾东森电视台、中天电视台等，甚至是大陆电视台都对广告片产生的热烈反响进行了报道。

二、广告案例点评

广告的目的是为了传播，广告的最佳效果是什么？当然是以最小的成本投入获取最佳的传播效果。台湾高铁做到了，而且做得十分出色。

也许《买鱼篇》直接传达的信息和台湾高铁本身并无很大关系，但是这支广告片充分利用了人们的“虚拟内疚”心理。不可否认，观众看完这支广告片后确实被深深触动了。它产生的是一种发自内心的接受而不是强迫接受，让人感动并且铭记，为台湾高铁塑造了良好的形象。

（一）亲情广告成功的动力

《买鱼篇》中没有直接表现高铁服务这一内容，自始至终都在与受众进行情感交流，它呈现给人们的是情感的力量。广告根据诉求的方式不同，可以分为理性诉求和情感诉求两种。Pelsmacker 和 Geuens 对情感广告进行过定义：若一个广告中包含幽默、热情、怀旧、性、愤怒、恐惧等情感中的一个或一个以上时，该广告就是情感广告；不含这些诉求手段的便是理性广告。① 此次广告运动强调的“你有多久没回家了”传达的是“亲情”这一主题，是一个非常典型的情感广告。

一方面，“亲情”诉求的广告运动成为受众付诸行动的原动力。早期的广告活动，从 20 世纪初到 20 世纪 60 年代，广告活动多以产品为中心，而没有给予消费者足够的重视。市场经济突飞猛进地发展，广告观念也发生了本质上的变化。以消费者为中心已经成为广告活动的主流，单纯通过粗暴的广告轰炸强加给受众的方式早已不再适用。诺贝尔经济学奖得主赫伯特·西蒙认为，随着信息的高速膨胀，有价值的不再是信息，而是人的注意力。② 台湾高铁这次广告活动表现的并非价格，而是呈现亲情的价值，采用亲情诉求这一最有力的“武器”，牢牢抓住了观众的心。广告作用于消费者的过程是由引起注意开始的，由注意而产生兴趣，培养欲望，并促成购买行动。③ 通过描述一个朴实的故事传达“亲情”，摒弃直白说教的信息传播方式，引起观众情感共鸣，从而产生强烈的行动欲望。

另一方面，“亲情”诉求广告成功提升了台湾高铁的品牌价值。为了在激烈的竞争中生存下来，跟上时代的步伐，品牌必须理解正在发生的巨大变化，并且另辟蹊径地与对手展开竞争，从而无形资产变得比有形资产

---

① Pelsmacker P. De, Geuens. M. Emotionl Appeals and Information Cues in Belgian Magazine Advertisments [J]. *International Journal of Advertising*, 1977 (2): pp. 123 ~ 147.

② 贺建平. 恐惧诉求在公益广告中的传播效果 [J]. 贵州师范大学学报（社会科学版），2004 (2): 28 ~ 32.

③ 麦克迪奈. 广告情感诉求探悉 [M]. 北京：华夏出版社，2002. 56 ~ 62.

更加宝贵。[①] 强调亲情诉求不仅帮助台湾高铁实现了票务收入的增加，还在很大程度上提升了台湾高铁的品牌形象，通过自发的强有力的人际传播，品牌有了一个很好的口碑。品牌设计不仅仅是关于普遍性、可视性和功能性的，它也是关于如何在日常生活中与人们建立起牢固感情联系的。只有当一个产品或者一种服务与消费者产生情感共鸣、燃起情感对话的火花时，这种产品或者服务才有资格成为一个品牌。[②] 台湾高铁在为大众提供便捷出行服务的同时，也向大众传达台湾高铁是个负责任、重感情和富有生命力的品牌。成功地在受众和高铁品牌间搭建起了一座沟通的桥梁，台湾高铁具备了同行业其他竞争者所没有的能够打动大众的东西，为台湾高铁品牌长期发展打下了基础。

（二）“虚拟内疚”强化传播效果

20 世纪 60 年代美国著名心理学家马丁·霍夫曼提出了一种基于移情理论基础上的人际间的内疚理论。[③] 他将内疚定义为一种轻视、厌恶自己的痛苦体验，通常伴有迫切、紧张和后悔。[④] 其产生的原因是：对于悲伤中的某人产生移情，同时以为是自己造成他人的悲伤。[⑤] 为了避免内疚，个体会努力杜绝危害行为，或者是在伤害行为发生后对受害者进行补偿，以期减少伤害和减轻内疚。内疚情绪一旦发生，即能成为采取补偿行为的动机力量，它会驱使人尽力弥补自己的过失，以便减弱或消除内疚感。

在此基础上，霍夫曼又进一步提出了与亲情广告关系更加紧密的“虚拟内疚”理论。“虚拟内疚”是指尽管人们实际上并没有做伤害他人的事，但如果他们认为自己做了错事或与他人所受伤害有间接关系，也会因感到内疚而自责。[⑥] 而以“亲情”为诉求点的广告产生作用，就是通过这种虚拟出来的“错误”让人产生内疚心理来实现的。

从《买鱼篇》中可以看到，“虚拟内疚”理论在其中得到了很好的应用。首先，《买鱼篇》采用了一个真实的台湾社会为叙事背景。在广告片中，父亲为迎接外地工作的女儿珮珊回家时高兴的盼望，父亲听到珮珊无

---

① ［美］马克·戈贝．情感品牌［M］．向桢译．海口：海南出版社，2004. 6 ~ 21.
② ［美］马克·戈贝．情感品牌［M］．向桢译．海口：海南出版社，2004. 6 ~ 21.
③ 乔建中，王蓓．霍夫曼虚拟内疚理论述评［J］．心理学探析，2003（3）：25 ~ 28.
④ Alan. D Baddeley. *Your Memory：A User's Guide*［M］. New York：Macmillan，1982，p. 316.
⑤ JerryA. Fordor. *The Modularity of Mind*［M］. Cambridge MA：MIT Press，1983，p. 21.
⑥ Alan. D Baddeley. *Your Memory：A User's Guide*［M］. New York：Macmillan，1982，p. 225.

法回家时失望的反应，与千千万万普通父母是一样的。片中的父亲感到失望时，观众们就联想到了自己的父亲，引发个体记忆中既往经验的再现，诱发了移情悲伤。紧接着，观众看过之后立刻就联想到：父亲的失望，是因为自己太久没回家看望造成的，自己对不起父亲。实际上，父母对子女的爱是无私的，他们不会仅仅因为子女的这种做法而对子女失望。不过在外地工作、求学的游子们看来，自己确实忽视了父母，造成对父母的伤害。很自然地认为自己是造成这种伤害的原因，把错误归到自己身上。最后，广告片抛给观众“你有多久没回家了?”观众立刻就有了反应：“如果我回家了，是不是父母受到的这种伤害就可以被避免?”观众们认为自己本可以阻止伤害的发生，产生“虚拟内疚”。而这一系列过程产生的最终效果就是，观众看过广告片后，购买高铁车票踏上了返乡的列车，广告运动达到了预期的目的。

台湾高铁广告《买鱼篇》中“虚拟内疚”的要素体现

虚拟内疚 亲情广告	既往亲情经验	亲情转移	认知归因	虚拟内疚（广告语）	亲情补偿
台湾高铁	父亲的爱	女儿对父亲的愧疚	造成父亲的失望	你有多久没回家	乘坐高铁踏上返返乡之旅

在广告《买鱼篇》中，既往亲情体验诱发移情性悲伤成为广告产生的基础，移情性悲伤驱动认知归因为广告产生的动机，认知归因的自我指向引发虚拟内疚成为广告产生作用的核心，广告片因此具有了强大的诉求效果。

（三）运用亲情诉求策略应注意的问题

台湾高铁《买鱼篇》中对亲情诉求策略的应用无疑是十分成功的，实现了销售目标并提升了品牌形象。不过亲情诉求策略也有一定的局限性，特别是在跨文化地域传播上。和儒家文化相比，基督教宣扬的爱摆脱了狭隘的血缘关系而变成一种神圣的爱，是一种不同于儒家文化仁爱的博爱。① 这种文化上的差异，要求使用亲情诉求策略进行跨地域传播的时候要考虑更多的影响因素，否则刻意的感化只会取得反效果。

在“虚拟内疚”理论的应用上我们同样也要注意，受传统家庭伦理观限制，“虚拟内疚”通常只发生在与自己有亲密关系或者直接联系的人身

① 肖朗. 中西孝爱观比较［J］. 孝感学院学报，2009（2）：38 ~41.

上。如果在广告中滥用这种“虚拟内疚”心理，不但不能促进销售还会引起受众的厌恶，对品牌本身产生伤害。虚拟内疚的发生与人物双方的密切程度直接相关，即通常只对有亲密关系的人直接起作用，牵强的煽情只会适得其反、过犹不及。

服　务　类

【中国 4A 创意金印奖金奖】

回家，一首永恒的歌

——灵思重庆微招聘视频广告《重庆！回来了》

在如今情感营销大行其道的消费时代，人们消费的不仅仅是产品本身，更多的是产品背后所具有的意义，就连招聘本身都无法避免这股潮流。在可控成本内通过有人情味的招聘广告吸引优秀人才，让招聘更具“性价比”是越来越多公司在招聘中的追求。

对漂泊在外的人而言，有什么言语比“回家”更动听，有什么图景比“家乡”更动人？家乡的人、家乡的事、家乡的物、家乡的一切深藏在“外漂族”的心里，无人的时候悄悄咀嚼，咽下思乡的泪水。2012 年 1 月 16 日，两则由“重庆灵思”新浪官方微博先后发布的微招聘视频广告《重庆，回来——妈妈篇》、《重庆！回来了》引爆了全体重庆“外漂族”，引发了他们的乡愁，“回家的诱惑”在短短几分钟的视频里激荡开来，久久难以平复。

《重庆！回来了》是由灵思营销重庆公司创作拍摄的。拍摄的目的很简单，即求贤。各家公司的招聘方式五花八门，招聘态度各有不同。灵思营销重庆公司（以下简称为灵思重庆），是当前国内为数不多的广告、公关双 TOP（顶尖）公司——灵思公司的重庆机构。灵思是中国最具规模与实力的营销机构之一，长期在中国公关业 20 强榜单中名列前茅，同时也是中国 4A（The Association of Accredited Advertising Agencies）广告公司。公司同时服务着超过 100 余个全球优秀品牌。例如：新浪、美的、东芝、联合利华、宝马等国内外品牌。[①] 2010 年 8 月灵思入驻重庆，公司拥有广告、公关、事件、车展、数字营销五大版块的服务项目。重点服务客户为长安集团、长安铃木、云南白药三大公司。同时，2011 年灵思重庆在茶行业、汽车行业等多项业务不断拓展，整个公司处在高速扩展中，对公关、广告

---

① 灵思官网：http：//www. linksus. com. cn/.

类人才的需求与日俱增[①]。求贤成为了灵思重庆的一个紧迫事项。好公司招人=高姿态？如果你这样想，那么在灵思重庆就错了。灵思重庆经过半年的精心策划，向所有西南籍广告人展现最大诚意——微招聘视频广告《重庆！回来了》正式播出。以下，本文将逐步解析灵思重庆如何唱响“回家”这首永恒的歌。

一、创作：微视频，精雕琢

灵思重庆微招聘视频广告由两则微视频组成，分别为《重庆，回来——妈妈篇》、《重庆！回来了》。此后，灵思重庆为参加2012年中国4A金印奖评比所送交的参赛版本，是由《重庆，回来——妈妈篇》和《重庆！回来了》合并浓缩而成，并加入了更多的文字去渲染“回重庆”这样一种“乡愁”，同时也展示了前两则微视频在发布的过程中产生的效果。三个版本各有千秋，《重庆，回来——妈妈篇》与《重庆！回来了》在情感上相互呼应，故事上相辅相成，缺一不可。“妈妈篇”为其后作了“思乡”、“回家”的情感铺垫，而《重庆！回来了（参赛版）》是综合了两则视频的一个总结，让受众更清晰明了“回重庆”这样简单而又深刻的三个字的意义。

具体的视频脚本如何，以下先作一个简单的整理。

视频一：《重庆，回来——妈妈篇》

发布时间：2012年1月16日16：04

发布地点：“重庆灵思”新浪官方微博

发布形式：微博+视频

发布内容：

（1）微博内容：#微招聘#【欢迎西南籍广告人回重庆】无论你们身在何方，你们的妈妈都因你们而骄傲！走南闯北、背井离乡、常年缺席家庭的聚会，你们遥思年迈的双亲……这一切只因你心中的梦！当梦想就在咫尺，4A就在家乡，身在全国的西南籍广告人，你懂的，重庆灵思欢迎你。

（2）视频时长：2分1秒。

（3）切入点：母亲对游子的牵挂。

（4）体裁：人物自白。

---

① 中国公共关系网：http：//www.17pr.com/viewnews-127589.html.

（5）广告语：一年回家一次，这辈子你还能见妈妈多少次？

（6）脚本（简要）。

人物：隆妈妈（重庆人），59 岁，儿子在外地工作 5 年

语言：重庆方言

画幅：16∶9

字幕：中英双语

文本：

（开场：人物织毛衣　字幕：交代人物身份　下场情绪：叙事）

隆妈妈：我娃儿啊，大学毕业就去了北京工作，就是写写画画，给别人做广告。

（转场：黑场叠化　下场情绪：因为提到孩子而开心）

隆妈妈：有时候和亲戚朋友聊天，说起（别人家）娃儿，她们都很羡慕，哪个娃儿当了官，哪个的娃儿又做哈子（方言：无意义）老板。

（转场：叠化　下场情绪：既骄傲又为儿子“不平”）

隆妈妈：我不羡慕，我们娃儿就是，我们又没有啥子背景，又没有啥子能力。读书、找工作，都是（依靠）娃儿自己。

（转场：黑场叠化　下场情绪：回忆、叙事）

隆妈妈：娃儿每年春节都要回来，他一回来啊，不是带我到这里去吃，就是到那儿去耍。去年春节回来，我就说在屋里吃，他还不高兴。我这个人脾气也不好，一着急起来就把他撅（方言：骂）了一顿，事后我还是很后悔（的）。

（转场：黑场叠化　下场情绪：情绪由静平转为感伤）

隆妈妈：当妈的，哪个不希望自己孩子在身边嘛。但是我也理解，娃儿有他的追求。

（转场：叠化　下场情绪：伤感，欲哭，希望孩子在身边的矛盾与无奈）

隆妈妈：也怪我这个当妈的，没有啥子能力，年纪又大了*（进背景音乐）*，帮不了啥子忙。我只希望他在外面呐，自己好好地照顾自己，好好吃饭，平平安安的。

（镜头：望着窗外的母亲的背影，出广告语　转场：模糊淡出）

图片字幕：欢迎西南籍广告人回家，重庆灵思招聘进行中。策略、创意、公关、活动等多个岗位等你来谈。

背景音乐歌词：每个人都在寻找快乐，没有错这是对的，但是快乐的

根本，是真实不需要容忍；每个人都在寻找幸福，没有错这是对的，但是幸福的根本，是诚恳……

视频二：《重庆！回来了》

发布时间：2012 年 3 月 19 日 11：59

发布地点："重庆灵思" 新浪官方微博

发布形式：微博 + 视频

发布内容：

（1）微博内容：《重庆！回来了》【火锅，串串，豆花饭。爸妈，兄弟和初恋，都在山城两江岸。大平台，高薪水，靠谱的客户，一样的工作，回家吧，这里因你而骄傲！@重庆灵思 欢迎西南籍广告人回家工作】

（2）视频时长：3 分。

（3）切入点：重庆籍 "外漂族" 思乡之情。

（4）体裁：人物采访。

（5）广告语：事业在哪儿，家就在哪儿。不如家在这里，事业也在这里。

（6）脚本（简要）：

人物：Aka（重庆人），28 岁，在北京工作 3 年

语言：北京话

画幅：16：9

字幕：中英双语

文本：

（开场：人物坐在电脑前　字幕：交代人物身份　情绪：烦躁，因为工作压力大）

Aka：操你丫（方言：脏话），你拍什么呢，别拍了！赶活儿呢！这他妈稿子像催命一样。

（转场：黑场叠化　情绪：交流谈话，采访者平和，受访者语速快，因赶工状态）

采访者（画外音）：你丫（方言：无意义）哪儿人啊？

Aka：（背对镜头赶活儿）重庆！

采访者（画外音）：你想重庆么？

Aka：想啊。

采访者（画外音）：想什么呀？

Aka：想爸妈，想兄弟、火锅、麻将、小面、美丽的姑娘。

采访者（画外音）：（笑）如果有机会，你想回重庆工作么？

Aka：（支吾几声）傻子才回去呢。

采访者（画外音）：为什么呀？

Aka：我回去干吗？有这么好的平台吗？有这薪水吗？有靠谱儿的客户吗？我回去卖小面（重庆特有的小吃）啊？

采访者（画外音）：你刚才说的（那些条件）要是重庆都有呢？

Aka：（回头冲着镜头）那傻子才不想回去呢！

Aka：（回去看电脑后再回头，用重庆话补充说明）我很想吃串串（重庆火锅的变种，更经济实惠）。

采访者（画外音）：（笑）（音乐起：《江南》（重庆话改编版））

画面：山城重庆景色、生活片段，配合音乐歌词。音乐末，出广告语。

图片字幕：欢迎西南籍广告人回家，重庆灵思招聘进行中。策略、创意、公关、活动等多个岗位等你来谈。

《江南》（重庆话改编版）歌词：

早上整个二两面
多面多菜少放盐
火锅串串豆花饭
麻辣不够再多加点点儿
酒喝多了要划拳
乱劈柴（重庆独特的猜拳方式）先让我走一圈
兄弟伙些和初恋
有些话不说在酒里面
加班上班加班
天天哈欠连天的我

三环（北京最堵车的路段）上灯在闪
外滩（上海老外最多的江滩）风很大
【广东话】珠江啤酒（广州人民的最爱）我饮不惯
曾经执着想拿 one show 的我们
都以为理想只在山的山那边
过了很多年突然发现
其实理想离家并不遥远
还在被广告圈圈圈住的我们
4A 广告并不是远方的传言
重庆也嘿凶
一线进行中
梦想就在那两江光影中
回家来上班

视频三：《重庆！回来了》（参赛版）
发布地点：“重庆灵思”新浪官方微博首页焦点视频
发布形式：视频
发布内容：
（1）时长：3 分 27 秒。
（2）切入点：母亲与家乡——外漂族“回家的诱惑”。
（3）体裁：介绍片。
（4）广告语：事业在哪儿，家就在哪儿。不如家在这里，事业也在这里。

（5）脚本（简要）。

人物：① 隆妈妈（重庆人），59 岁，儿子在外地工作 5 年

② Aka（重庆人），28 岁，在北京工作 3 年

语言：重庆话、北京话

画幅：16∶9

字幕：中英双语

文本：

镜号	表现形式	脚本	备注
1	字幕	重庆，中国面积最大的直辖市。	背景音乐：动感。字幕效果为“打字机”。
2	字幕	8.24 万平方公里，三千万人口，长江上游地区经济中心，中国 GDP 万亿级城市……	
3	画面 + 字幕	画面：重庆主要街道与景物，广告行业场景 字幕：但这空前繁荣背后，重庆广告行业的发展正遭遇人力资源的瓶颈。 行业本身的滞后与积弱，让优秀的广告人才习惯于背井离乡，去更核心的城市北京、上海、广州追寻梦想。	画面与字幕内容相呼应。
4	字幕	灵思营销重庆公司如何破局？	
5	字幕	对于在外的重庆和西南籍优秀广告人来说心中始终深藏着难以磨灭的故乡情结，尤其是对故乡家人的强烈牵挂。	
6	字幕	2012 年 1 月，我们从亲情的角度入手创作了第一阶段传播的微视频《妈妈篇》。	
7	人物自白	隆妈妈：自己好好地照顾自己，好好吃饭，平平安安的。	换背景音乐：煽情。歌词：见上文视频。
8	画面 + 广告语	画面：妈妈的背影 广告语：一年回家一次，这辈子你还能见妈妈多少次？	

（续上表）

镜号	表现形式	脚本	备注
9	字幕	很多人都被这条充满情感的视频打动，但我们更希望在后面，能有更强烈的刺激让他们产生实际行动——回家上班。	背景音乐同开场：动感。字幕效果为“卷轴”及“放大”，下同。
10	字幕	打拼在外的西南籍广告人，虽然眷恋着这座城市的亲人和独特而强烈的生活方式，然而却缺少让他们施展才华的舞台。	
11	画面＋字幕	画面：重庆街景、灵思内部 字幕：作为首家布局重庆的中国公关、广告双TOP公司，为国际和国内一线品牌提供全案代理和品牌推广的中国4A广告协会成员。	画面与字幕相配合
12	字幕	我们在第二阶段提出了“事业在哪儿，家就在哪儿，不如家在这里，事业也在这里”的沟通主张。	
13	人物采访	采访者（画外音）：你想重庆么？ Aka：想啊。 采访者（画外音）：想什么呀？ Aka：想爸妈，想兄弟、火锅……	
14	字幕	为此，灵思营销重庆公司制作了第二阶段微视频《重庆！回来了》。	
15	歌曲改编	画面：主人公Aka、重庆街景 歌词：加班上班加班 天天哈欠连天的我 三环（北京最堵车的路段）上灯在闪 外滩（上海老外最多的江滩）风很大 【广东话】珠江啤酒（广州人民的最爱）我饮不惯	原曲：林俊杰《江南》改编后由重庆话演唱。

（续上表）

镜号	表现形式	脚本	备注
16	字幕	这条带有强烈重庆气息的视频一经发布立刻席卷网络，引发旋风般的关注与反响。	背景音乐同开场：动感。字幕效果为“卷轴”及“放大”，下同。
17	图片 + 视频	图片：微博转发截图、新闻报道截图 字幕：仅通过新浪微博、转发量迅速突破 26 万，视频播放次数愈 300 万。 此外电视、报刊、杂志等多家主流媒体对此进行了跟踪报道，更是效应十足。 画外音：（电视报道剪接）短短几分钟的片子，引起了不少重庆人的共鸣，那些在外漂泊无法回家的朋友。	
18	字幕	它在第一阶段的情感沟通基础上彻底引爆了每个西南籍广告人的故乡情结。	
19	字幕	真切炙热的情感，曾经共同的青春迷惘，以及对现实与梦想的深刻反思让无数身在北京、上海、广州等一线城市的西南籍优秀广告人感动落泪。	
20	字幕	更重要的是，他们正纷纷把这份感动转化为行动。	
21	字幕	视频推广期间	
22	视频 + 字幕	视频：应聘者参观灵思重庆公司 字幕：外地回重庆广告人参观公司 共收到来自北京、上海、广州等一线城市求职意向 986 份，有效简历 405 份，工作经验在 3 年以上的简历 166 份。	
23	字幕	更多的西南籍优秀广告人才持续加盟中	
24	字幕	值得一提的是在这次成功的微招聘中灵思重庆展示出的微营销的非凡实力，并受到来自企业的关注。	
25	图片 + 字幕	图片：照片、视频 收获微视频业务订单超过 300 万元 由此视频而创造的业务订单价值 500 余万元	
26	LOGO	更多微营销的精彩创意，将在灵思重庆不断上演……	

通过整理三个视频拍摄脚本，我们不难看出，视频的故事简单且平凡，可以套在每一个在一线城市漂泊的人们身上。或许正因为平凡、普遍，才创造出了不平凡的深刻回响。笔者通过整理媒体关于灵思重庆这三个微视频，尤其是第二个视频《重庆！回来了》的新闻报道发现，从制作团队的准备程度上看，这个视频过程记叙的成功绝非偶然。不得不感慨一句，在创作上，真是“微视频，精雕琢”。

常言道“慢工出细活”，然而在这个讲究速度与效率的时代，这句话似乎早已被束之高阁。对于招聘，很多公司往往在报纸、官方微博上贴一条消息，最多再加上一个海报就算是完事了。然而，灵思重庆却选择了一种颇为“麻烦”的形式来进行招聘宣传。很多人会问为什么？我们不妨把自己放到一名应聘者的角度去思考这个问题。应聘本身就是一个双向选择的过程，制作有个性、有吸引力的招聘广告往往会让应聘者能直接地感受到一家公司对于应聘人员的态度，公司的企业文化自然就对有才华的应聘者更有吸引力。那么，关于为什么选择“微视频”作为招聘宣传的手段，灵思营销重庆公司副总经理给出的答案是这样的：“我们要找的是广告公关人，怎么才能让招聘信息最直接有效地到达他们那里？微博是双方最好的交流平台，而视频则是传达损耗最小的表达形式，只要足够精彩，一定会吸引大量的圈内圈外人关注。此外，2011 年灵思《微博有鬼》系列微电影已获得大家认可，我们在相关方面具有明显经验和优势，所以我们最终把招聘形式锁定在微电影上。”① 报道称，灵思重庆这两则加起来不超过 10 分钟的招聘视频广告，光是创意就耗时半年多，接下来的修改文案、抠细节字眼又花了三个月。投入如此大的心血去雕琢大约只有 2 000 字的文案，可谓“精雕细琢”。

二、制作：微成本，大效果

微视频往往让很多公司望而却步，其中一个很重要的因素是成本问题。一个视频广告的制作，从创意到文案，到拍摄，到后期，投入的人力成本与资金成本往往超过一般公司对于招聘宣传的预算。然而《重庆！回来了》这个微视频的制作成本却低得出乎人们的意料。据报道，此次整个微视频的创意、文案修改、拍摄、导演、演员都是灵思重庆公司员工，成本上仅支出拍摄费用 1 000 元。而微视频的传播媒体价值已经超过 400 万

---

① 中国公共关系网：http：//www. 17pr. com/viewnews－127589. html.

元，从成本与收益比来看，成本几乎可以忽略不计。同时，在招聘效果上，也收到了很好的效益。正如参赛版的视频中所提到的那样，共收到来自北京、上海、广州等一线城市的求职意向986份，有效简历405份，工作经验在3年以上的简历166份。视频在微博上播放当天，就已收到75份求职者的简历。

三、推广：微小却不弱小

2012年1月16日16：04，“重庆灵思”新浪官方微博引发了一个“#微招聘#”话题，标题为“欢迎西南籍广告人回重庆”，半个小时内，发布第一个灵思重庆招聘微电影《重庆！回来——妈妈篇》。微博这样写道：“无论你身在何方，你们的妈妈都因你们而骄傲！走南闯北、背井离乡、常年缺席家庭的聚会，你们遥思年迈的双亲……这一切只因你心中的梦！当梦想就在咫尺，4A就在家乡，身在全国的西南籍广告人，你懂的，重庆灵思欢迎你。”自此，灵思重庆拉开了《重庆！回来了》微招聘网络互动病毒式营销的序幕。

仔细梳理关于灵思重庆这两则招聘视频广告，笔者发现它的平台只有灵思重庆官方微博而已，并且，灵思重庆新浪官方微博截至2012年底的有效粉丝数仅为4 649人，推广起点可谓是“草根级”。然而最终的推广效果却令人非常满意，这得益于视频本身所带来的“话题”形成的“媒介议题”，这正是有些学者提出的所谓“创意沟通”中的“沟通元”。所谓“创意传播”是根据生活服务者的策略，依托沟通元进行创意构想，并将沟通元的各种表现形式利用相关传播资源展现，激活生活者，在分享、互动和协同创意中创造交流、创造话题、创造内容，进而创造传播效果的营销传播模式。[①]《重庆！回来了》、《重庆，回来——妈妈篇》两个微视频的推广，借“亲情”与“故乡”为诉求点，以“外漂族”、“回家工作”为沟通元，创造了媒介议题，引发公众转发、讨论，加强推广效果。这便是一次成功的基于网络互动的病毒式营销。

美国著名的电子商务顾问Ralph F. Wilson博士认为病毒式营销是一种营销策略，它鼓励用户将营销信息传播给其他人，并为信息的曝光和影响

---

① 陈刚，沈虹等. 创意传播管理——数字时代的营销革命［M］. 北京：机械工业出版社，2012.

创造潜在的增长动力，使之呈几何级数增长。[①] Ralph F. Wilson 博士将一个有效的病毒性营销战略归纳为6项基本要素，一个病毒性营销战略不一定要包含以下所有要素，但是包含的要素越多，营销效果可能越好：①放弃有价产品或服务；②使传递信息的方式简单易行；③信息传递范围能够轻易地由小到很大规模扩散；④利用人的本性和行为进行激励；⑤利用现有的人际关系网络；⑥利用外部资源。[②] 我们不难发现，灵思重庆的微招聘网络视频广告基本上符合了每一条要素。第一，视频推销的是一种观念——“回家工作”，而不是产品或服务。第二，视频投放在微博平台上，具有易分享、易扩散的特点。第三，视频的情感诉求利用了漂泊在外的人们对母亲、故乡那种难舍的特殊情感。第四，同行微博大量的转发，重庆籍微博用户的转发，加快扩散的速度。第五，形成热门话题，传统媒介介入报道，成为一次跨媒体的营销活动。六条要素全部涵盖，从病毒式营销的意义上说明了灵思重庆这两个微招聘广告取得成功的原因。当前，病毒式营销已经成为互动营销，尤其是网络互动营销一种常用的有效手段。越来越丰富的社会化媒介，促发了网络互动病毒式营销的快速发展。

四、技巧：以情动人

唐代诗人白居易在《与元九书》中写道“感人心者莫先乎情”。从广告学的角度来理解“以情动人”，我们可以追溯至20世纪20年代。从那时开始，广告领域便存在了“情感氛围派”或“软性销售派”的广告理论。这一广告流派的理论主张，是把广告建立在消费者购买产品，然后拥有它或把它当做礼品所获得的那种满足感的基础之上的。广告一般围绕暗示和联想展开。[③] 现在广告的情感诉求，早已突破了推销产品这样简单的定位，更多的是定位于一种观念的沟通传达，从打动知觉入手，结合诱发情感的共鸣，形成编码的意境感染及符号诱导，从而产生预期效果。[④] 正如王燕飞编著的《广告心理》中所说的：“情感诉求是广告活动中又一重要的说服方式。它是一种极富有人情味的诉求，是指广告策划者利用人们的情绪

---

① Ralph F. Wilson. *The Six Simple Principles of Viral Marketing* [M]. Web Marketing Today, Issue 70, February, 2000.

② 刘丽丽. 网络产品病毒式营销研究 [D]. 对外经济贸易大学硕士学位论文，2006. 7 ~8.

③ 张金海. 20 世纪广告传播理论研究 [M]. 武汉：武汉大学出版社，2002. 29.

④ 杨志松. 一句话打动你我——广告标语传播效果分析 [M]. 昆明：云南大学出版社，1993. 35.

和情感活动规律，通过激发消费者积极的情绪和情感体验，以情动人，使消费者产生情感上的共鸣，进而产生购买动机，作出购买行为的过程。所以，我们把直接诉诸消费者情绪和情感的信息表达方式，称为“情感诉求”。① 在这个定义中，涉及的“情感体验”一词和市场营销的理念息息相关。因此，我们可以加入市场营销学的观念来进一步理解“以情动人”。

美国推销大王乔·坎多尔福曾经说过：“情感工作占推销工作的98%，剩下的2%才是对产品的了解。”因此，美国的巴里费戈教授将“情感”引入营销理论，他认为形象与情感是营销行业中最重要的部分，是推销产品的力量源泉。②

回到《重庆！我回来了》、《重庆，回来——妈妈篇》这两个视频广告上来，从根本上来看它所推销的产品就是灵思重庆本身。然而，在广告中，它却偷梁换柱，将概念逐步扩大，变化为“来灵思重庆工作——回重庆工作——回家工作”。遵循这样一条内化的逻辑，最终的切入点就是“亲情”。亲情、友情、爱情从来都是人类情感世界中最基本的需求，也是人们永恒的歌颂主题。我们在网上以“重庆灵思”和“重庆回来了”为关键词进行检索，搜集到的报道中的高频词语是有着强烈感情色彩的“感动”、“落泪”、“回家”、“乡愁”等。这从某种意义上说明了视频以“亲情”切入，引发了受众强烈的情感共鸣——我要回家工作。更重要的是，其中使目标受众——西南籍广告人在情感共鸣的氛围中接受这样一种情感与观念，接受这样一种逻辑——“我要回家工作—我要回重庆工作—我要去灵思重庆工作”，于是，一条完整的情感诉求思路便在广告中很好地展现。穿插在广告中的母亲微红的双眼，孤单的背影、重庆仅有的特色小吃、重庆方言……都构成了象征符号，全部都是“我要回家”这种迫切愿望的累积。

“回家”，这首永恒的歌开唱容易，唱好难。它需要真挚的情、平凡却不普通的曲、简单却不浅薄的词；它还需要一个人人能够观赏的舞台，以及一群爱唱它的人。

---

① 凌文辁，王燕飞．广告心理［M］．北京：机械工业出版社，2000.101.

② 张萌．广告创意中的情感营销［D］．华中师范大学硕士学位论文，2012.11.

软 件 类

【艾菲实效广告奖金奖】

IBM：微电影开辟社交商务大世界

"青春如同奔流的江河，一去不回来不及道别……"这首歌是2010年网络热播的《老男孩》的主题曲。在2010年以前，《老男孩》可能会被称为"短片"、"短视频"，2010年以后，出现的同类型短片有了一个新名字——微电影。微电影是网络时代快速阅读与"草根"文化的综合产物，创作者或天马行空，或温情脉脉，使得微电影深受大众欢迎。很多企业看到了微电影的影响力，纷纷推出品牌微电影，IBM就是其中一员。

2011年，IBM提出"社交商务[①]"的理念。2012年，IBM推出了LOTUS 4.0，围绕LOTUS 4.0，IBM开展了以微电影《平行相交》为主打的一系列营销活动。《平行相交》讲述了一个发生在办公室同事之间有关友谊的故事。微电影上映以来，各大门户网站、SNS、社交媒体纷纷对其进行了报道和转载。平实的故事引发了办公室白领阶层的强烈共鸣。微电影成功地向市场传达了社交商务的理念，并极大地促进了产品的销售。

2011年2月1日，IBM在美国奥兰多举行的"Lotus Phere 2011"大会上，首次提出"Social Business（社交商务）"的概念。社交商务是一场堪比电子商务（E-Business）的商业变革。早在2007年，IBM就推出了自己的企业社交网络软件——Lotus Connections。2010年，IDC将IBM评为业内第一大社交软件平台企业（按收入排名），有35%的《财富》100强公司在企业内部使用IBM社交软件。

Lotus软件为IBM带来可观收益的同时，也面临着来自市场同类软件的竞争。在社交软件领域，IBM最直接的竞争对手是微软。早些年，微软一直是IBM LOTUS最强劲的竞争对手，其在桌面端协同方案的优势明显。

---

① 根据IBM的定义，社交商务是指将社交网络工具和文化应用到业务角色、流程及成果当中。IBM社交商务软件和服务的独特之处就是将社交网络能力和分析技术结合到了一起，以帮助企业搜集信息、深入剖析与员工和客户对话、创造互动并将其转化成实实在在的价值。IBM官网，http：//www.ibm.com/cn/zh/.

除了微软，IBM 还面临来自互联网的竞争。企鹅帝国腾讯宣布要提供企业级的社交整合解决方案，未来会有更多诸如 Facebook 这类社交网络进军这一领域。

更不利的是，关于 Lotus 的负面评价开始流传。Lotus 被指责系统老化，不能很好地适应当前互联网的发展，特别是移动互联网的飞速成长，Lotus 只在大型电脑端的优势渐渐不适应企业的需求。当 SO－LO－MO 成为当前互联网的诉求，各大互联网企业开始转战移动互联网领域，IBM 面临着严峻的市场考验。IBM 通过两年一度的“全球 CEO 调查”，并与 IDC 及奥美广告等机构合作，在全球范围内进行客户调研，最终确定了“大数据—云计算—智慧地球”三大增长极。

为消除留给消费者的不良印象，重塑 IBM 优质服务性企业的形象，IBM 带着全新的 IBM LOTUS 4.0 返回市场。IBM 的营销部门与长期广告合作伙伴奥美公司展开了一系列的营销活动，一举扭转了市场的审美疲劳态势，重振雄风。截至 2012 年 6 月，IBM 企业社交软件连续三年稳居全球市场份额头把交椅。

一、视角独特的微电影

（一）办公室友情是否存在

IBM 面临的首要问题是如何将“社交商务”的理念传达给商务办公人群，又如何使得企业客户扭转对 IBM LOTUS 的固有印象，选择切入点成为关键。最终，IBM 选择了“办公室同事关系”作为利剑，直挑办公室友情。同事关系一直以来在办公人群中的定位比较模糊，有人认为同事之间是朋友，也有人认为同事之间是竞争对手。不管是朋友还是对手，同事之间必然存在着你来我往的关系。

微电影《平行相交》把故事的焦点放在“办公室同事关系”上，从人性、协作的角度，向消费者讲述了一个极其普通，却又极可能发生在身边的故事。“大家都是同事，何必装作是朋友”，由 IBM LOTUS 系列软件主演，呈现一部关于人性、社交、协作的精彩剧集。

（二）故事梗概

故事的开头颇具隐喻意义，在武道馆内，两位主人公正在进行一场搏斗。这个场景似乎为全篇定下一个基调——场上是敌人，场下是朋友。映射到现实生活中，即同事在工作上可以是敌人，但在生活中也可以成为交心的朋友。随后，本片的主角 IBM LOTUS 第一次登场。两位主人公都收到了来自 IBM LOTUS 的邮件，告知北区经理今日离职。Lotus 的首次亮相就带来了一个令人震惊的消息。这里也向消费者展示了一个情况，即使用手机可以随时随地通过 Lotus 收发邮件。

“前浪终于倒在沙滩上了，李刚，头儿离职了，你有机会了。”

“你不也是后浪吗?”

简短的两句对话，我们已经窥见，办公室硝烟弥漫，稍不留神就有被淘汰的可能。这可看做两位主人公友情的首次考验。李刚来到办公室后，IBM 软件再次登场，提醒李刚今日的工作。沉思中的李刚，似乎有某种难言之隐。但李刚还是下了决定，指示部下王一通过 IBM Same time 软件联系滨州肿瘤医院——原本属于戚小军的业务区域。本以为胜券在握的戚小军意外地在医院看见了李刚。戚小军进一步了解事情的真相，责问李刚。此时李刚却提出要把业绩指标让给戚小军，而他只需要提成。肿瘤医院给李刚打来电话，听到“重症监护室”的戚小军很疑惑。戚小军给秘书打电话，秘书分析李刚在背地里搞小动作，建议戚小军向上级反映李刚跨区销售的事。此时 Lotus 软件再次发挥作用，戚小军写好了邮件，但犹豫之后却没有发出去。戚小军来到医院重症监护室，意外得知李刚的真实目的，原来李刚一直在为家乡的学校和孩子们筹钱。于是，戚小军取消了发送揭发李刚的邮件。意想不到的事发生了，李刚的事被上级知道了，是戚小军的秘书揭发了这件事。戚小军被任命为北区经理，李刚面临辞职。戚小军去向李刚解释，李刚怎么也不相信他。回到村里的李刚接到戚小军的电话，希望寻求他的合作。李刚没有答应，但收音机里传来的关于远程医疗的新闻，让李刚觉得村里还是需要这样一套设备。戚小军此时也向李刚发了邀请邮件。考虑再三的李刚接受了邀请。在两人的合作下，项目被顺利拿下，两人也最终卸下心防，成为真正的朋友。

微电影的主角并不是真正的人，而是贯穿始终的 IBM LOTUS 系列软件。Lotus 软件总是在关键时刻发挥作用，一方面向消费者表明 Lotus 软件强大的功能，另一方面也颇为温馨地勾住了消费者的心。微电影中有很多旁白，引起了消费者的共鸣。如“我们原本有颗善良的心，当我们有了欲望，当我们开始为了利益设计别人，为了自保处处小心，我们便习惯于带着敌意去观察一切。这样，你能看到的全是黑暗。突然发现，这些所谓的敌人，不过是自我欲望的影子。”

微电影巧妙地把 IBM LOTUS 软件植入故事情节，却丝毫不让观众有突兀之感。电影的伟大就在于它逐步地在观影的过程中打动人心。《平行相交》就有这样的功能，它所阐述的故事虽平凡，情感却朴实。用时下流行的话语来说，就是“接地气”。以往 IBM 给人的感觉是高高在上，生硬的技术派。通过微电影，IBM 很好地向消费者传递了一个信息——IBM 不仅仅是技术派，也是关心客户的柔情派。

图 1　IBM《平行相交》微电影海报及影视截图

二、微电影为先锋的营销战

（一）选择微电影的优势

2011 年，IBM 提出“社交商务”的理念，谋求在 IT 领域延续传奇。面对来自客户和竞争对手的压力，IBM 如何才能重拾消费者对 IBM LOTUS 软件的信心？如何才能给消费者带来与竞争对手不同的体验？

时至今日，微博、QQ 等社交网络的应用带给人们生活的变化日新月异。除了个人社交网络的热火朝天，企业之间的社交商务也即将崛起。根据 IBM 2012 年《IBM 全球 CEO 调研报告》显示，目前仅有 16% 的 CEO 使用社交商务平台与客户进行联络，但这一比例在未来三到五年内将上升至 57% 。此外，IBM 还对全球 1 700 名 CMO（首席营销官）进行调研，其中 82% 的 CMO 表示将在未来三到五年的时间内增加对社交媒体的使用①。

未来，社交商务领域将成为众多企业发力的对象。社交商务必将成为

① IBM 全球 CEO 调研报告，2012. 6.

带动 IBM 利润增长的又一大引擎。但面对众多的企业消费者越来越系统化的要求，IBM 可以为客户创造哪些价值？

IBM 客户关心的是 IBM LOTUS 到底跟他们有什么关系，以及 IBM LOTUS 对企业的帮助有多大。虽然 IBM LOTUS 是一款在同类软件中较为出色的应用软件，它的客户中有许多是世界 500 强企业，但面对广阔的中小企业主潜在市场，IBM 的任务依旧很艰巨。企业主们也许会认同 IBM 品牌，也认可它有着高质量的产品与服务，但问题在于 IBM 并不一定是他们的首选。在这些中小企业主看来，IBM 一直代表的是一流水准的国际大企业，其产品和服务的价格肯定不低，只有政府和大型企业才可以担负得起。他们会认为 IBM 的目标客户只有政府和大型企业，对中小企业根本不感兴趣，也就不会投入太多精力去了解中小企业的需求，也不会主动去与中小企业打交道。所以，中小企业在考虑购买相关产品或服务时，IBM "高高在上" 的形象使得他们转向选择一些在他们看来匹配的企业。

IBM 的营销中必须考虑到这一点，社交商务是全球信息化时代企业转型的必经之路，那么面对中小企业的 "长尾市场"，IBM 必须向这些潜在客户传递一个信息：IBM 为所有有需要的客户服务，不管是大型企业还是中小企业。

IBM 在策划 IBM LOTUS 整合营销传播中需要传达两个概念：

其一，IBM 的亲近感。政府部门、大企业、中小企业，都可以很容易购买到 IBM 的产品和服务，并且 IBM 的服务非常完善和便捷，客户可以随时寻求帮助和建议。

其二，IBM 产品和服务的高质量。这种高质量不仅仅体现在 IBM 为企业提供的解决方案如何有效，如何帮助企业转型和成长，也体现在解决方案的性价比高，会让企业觉得物超所值，投入会得到丰厚的回报。此外，IBM LOTUS 社交协作解决方案执行、管理的简易性，也可以让客户尽量节省维护和管理的成本。

问题也接踵而至。有什么途径能实现将 IBM 软件的优势与消费者的需求紧密结合？IBM 通过调查发现，虽然现在社交协作工具变得丰富多样，但电子邮件仍然是最为流行的社交商务应用工具之一。虽然单靠电子邮件无法完成企业所有的社交协作需求，但它在商务活动中举足轻重。电子邮件具有的一对一、一对多的交流属性，在非即时企业中的通讯地位无法被替代。由于其具有广泛支持的标准、能在几乎任何地点从所有计算设备上获取的特点，以及能够通过大多数企业安全基础设施的可用性，电子邮件极大地推动了社交商务的开展。

切入工具有了，那么切入的诉求点在哪儿？据 IDC 的社交商务调查发现，同事之间的交流处于“企业社交动机”的第二位，仅次于获取知识与提出问题。也就是说，在企业使用社交协作工具时，会有较多的用途是发生在同事之间的。IBM 面对的消费者是企业，更确切地说就是企业的商务办公人士。这类典型的职场群体，在人际关系上最困惑的莫过于与同事之间的交往。现代生活的高度竞争使职场群体具有一颗敏感的心，一方面他们渴望与同事建立良好的朋友关系，另一方面他们又不得不与同事勾心斗角。这种矛盾的状态最容易引起商务办公人士的共鸣。IBM 选择了“同事关系”这个情感诉求点，巧妙透析了职场商务人士的心理。

那么使用哪种媒介工具既能呈现 Lotus 软件的功能，又能传达 IBM 所倡导的同事观？IBM 与奥美也考虑过传统广告形式，令人感到头痛的是，仅仅是平面广告或者 15 秒的电视广告，根本承载不了如此丰富的信息量。这就需要对 IBM 的目标客户群体——商务办公人士的生活形态进行分析，抓取他们接触媒体的习惯。

商务人士大多工作繁忙，对于硬性广告比较反感。每天应付工作就已经精疲力竭，休息时还要忍受广告的折磨，心情自然不爽。他们一般都具备较高的信息素养，目的性比较强，通常只会选取对自己有用的资讯。在这种情况下，传统的广告形式可能并不是最佳的选择。IBM 必须另辟蹊径，寻找一个可以潜移默化地传达自己理念的广告形式。根据对商务人士媒体接触的调查，其使用 IT 服务时，除了最常使用的收发邮件等工作之外，就是浏览社交网站，使用社交应用。因此，社交媒体的使用就是 IBM 营销的突破口。最终，微电影这种新型的广告营销方式进入了 IBM 的视野。

微电影这种形式具有三大优点：

其一，避免了生硬的产品和服务功能的表达。既要完整地表达出 IBM LOTUS 系列软件的特色，又要兼顾目标消费群体的感受，以往“说教”性质的硬广告不具备这样的功效。微电影把 IBM 品牌融入故事情节，受众在陶醉于剧情中时，穿插的 IBM 软件应用显得非常适宜，没有突兀之感。IBM 软件避免了“灌输式”的宣传，将自身演变成故事发展的桥梁或者说是催化剂。

其二，引爆话题，在网络媒体中形成“病毒式传播”。微博、SNS 等社交媒体的分享使得微电影的营销可以像病毒一样迅速地引爆话题。随着话题的升温，微电影在短时间内迅速地、爆炸式地传播给成千上万的消费者。

其三，节约成本。IBM的营销活动没有通过传统的报纸、电视等形式，而是完全采用了微电影进行网络营销，除了制作微电影的费用，省去了高昂的广告投放支出，节约了成本。

（二）线上线下齐头并进

整个创意出来后，奥美广告为IBM设计了三个连贯的步骤。

第一步：创作微电影引发话题。针对最外部最广泛的受众，创作社交商务微电影《平行相交》，赋予产品全新形象。IBM在视频网站优酷和社交媒体新浪微博都注册了专属账号，并上传了《平行相交》视频。“大家都是同事，何必装作是朋友”、“我们原本有颗善良的心，当我们有了欲望，我们便习惯于带着敌意去观察一切”、“突然发现这些所谓的敌人，不过是自我欲望的影子”等电影语录在社交媒体中引发了巨大反响并受到网友好评。优酷点击率达到2万多次，掀起了一阵观影热潮。真正爆发式的蔓延是通过IBM的新浪微博。IBM在新浪微博上注册了IBM中国、社交商务IBM、Lotus中国社区等账号，组成强大的微博矩阵，一齐发力。截至2012年12月，社交商务IBM的粉丝已达3 800个。IBM上传《平行相交》的微博一次转发达5 000多次，评论2 000多条。如果加上二次转发以及其他社交媒体的转发和分享，无疑《平行相交》已经成功地点燃话题。

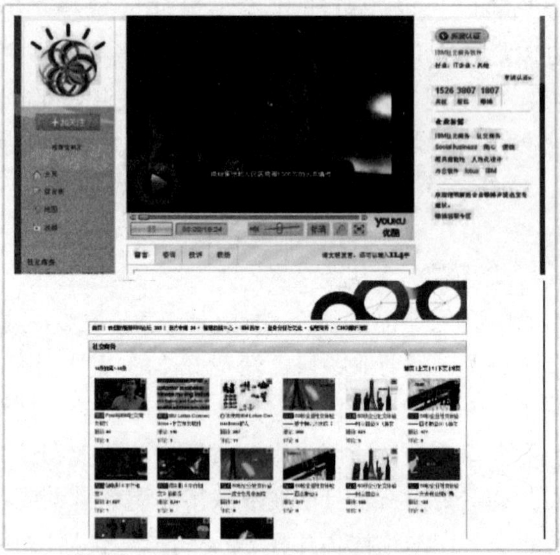

图2　新浪微博及优酷网页截图

同时应各国 IBM 分公司要求，电影被翻译成繁体中文、英文、韩文以及葡萄牙语等多个版本，在全球热播。

第二步：社交参与，与商务办公区域内的咖啡馆合作。开展“社交商务日”咖啡馆沙龙系列活动，向参与活动者提供社交商务面对面的体验机会。这些活动主要就是为了亲近消费者，接触第一线的社交商务人士。

第三步：商务开发，以概念促销售。2012 年 3 月 21 日，IBM LOTUS“社交商务精英高峰论坛”在北京隆重举办，以面对面的传达方式，开发潜在用户。论坛吸引了包括联想、神州数码、新奥、烟台万华等国内顶级企业的参与。

1. 官网宣传

为了配合营销宣传的进行，IBM 在官网上开辟了专门的“社交商务”页面。在官网页面上，IBM 详细介绍了社交协作解决方案。除此之外，IBM 还介绍了一些成功案例，并给出联系方式。这样的官网页面可以有效地避免因为潜在客户在观看微电影后产生兴趣，试图寻求相关详细信息而不得的尴尬情况。

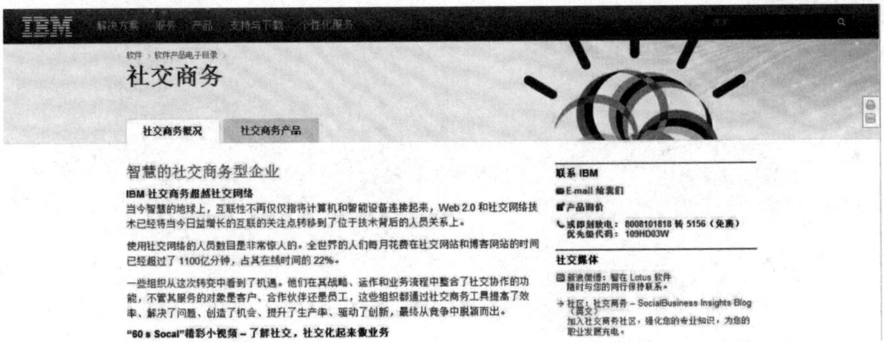

图 3　IBM 社交商务官网截图

2. 媒体公关

IBM 这样的大企业，一举一动都会引起媒体的广泛关注。IBM 提出“社交商务”的概念后，在 IT 界掀起一轮讨论热潮。凤凰网开辟专题页面，对 IBM 的社交商务进行详细的介绍。《21 世纪经济报道》、《企业家》、《营销界》、《电脑爱好者》等报刊，搜狐、腾讯、和讯等网站，都对 IBM 的社交商务进行了报道。

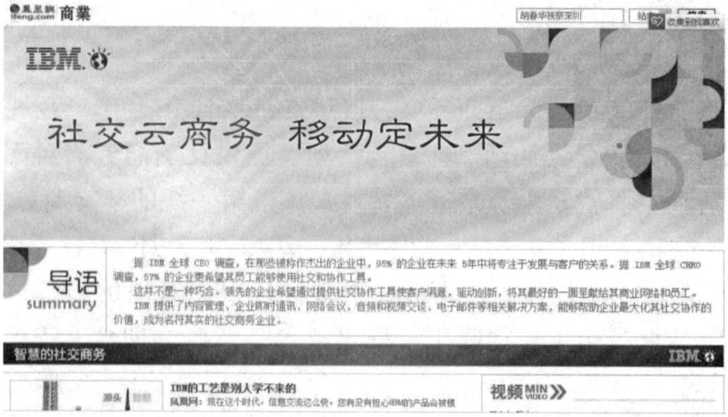

图 4　凤凰网 IBM 社交商务专题页面截图

3. 线下“社交创新日”等活动

IBM 还策划了一系列线下活动，以保持话题热点的持续。这些活动既有较高规格的“社交商务精英高峰论坛”，也有面向“草根”消费者的“社交创新日”活动，在宣传 IBM LOTUS 软件的同时，也很好地保证了营销活动的连贯。

图 5　IBM 线下活动海报

三、艾菲金奖：实效就是“四两拨千斤”

首轮微电影上线后，反响热烈。在随后 5 月份举办的 IBM LOTUS “社交商务精英高峰论坛”上，出席和潜在购买客户人数都超出预期。预计出席200人，实际到达252人，增长126%。新客户和既有客户的购买意向人数都大幅提升。

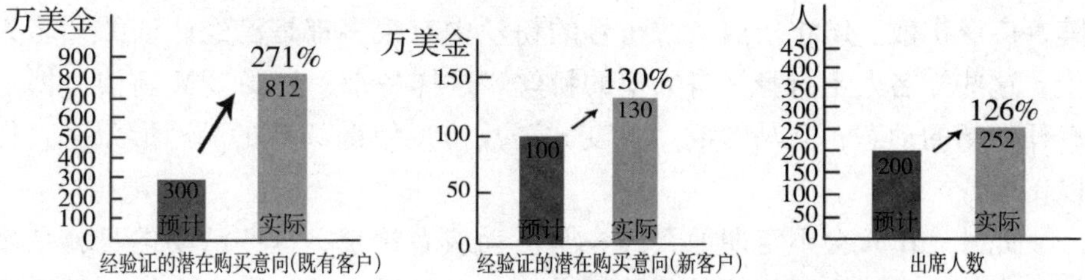

图6　IBM LOTUS“社交商务精英高峰论坛”现场数据

根据IBM自己的预测，社交商务协作业务将会为IBM带来超过30亿美元的收入。这对于转型的IBM来说，是一个巨大的好消息。

微电影《平行相交》在2012年的艾菲奖评选中荣获金奖，它的成功显然不是偶然。实效广告金奖对于IBM微电影《平行相交》来说实至名归。IBM仅投入了微电影制作费用，就使得广告在网络上疯狂传播、扩散。在奥美广告为IBM LOTUS策划的整个营销方案中，IBM的行动诠释了网络时代特有的传播规律——每一个受众都是传播者。IBM的营销活动成功地宣传了企业品牌，使其与其他公司品牌产品和服务得以差异化，继续占据社交商务解决方案的龙头位置，其成功的主要因素是：

（一）创新的媒体策略

针对商务人士，IBM并没有选择传统的电视和报纸广告，以往企业在针对商务人士作推广时，习惯倾向高端商务类报刊，或者一些稍显严肃的财经类电视节目的广告时段，这在社交媒体并未大行其道的时代，确实是比较适合的选择。但当传统媒体不断衰落，新媒体不断在市场上抢夺传统媒体的受众和广告主时，过去看起来效果不错的媒介形式现在可能需要重新考量了。

IBM审时度势，精准地看到了微电影带来的营销变革。微电影借助社会化媒体的病毒式传播功能，在积累口碑和受众到达率上都有着巨大的优势。IBM的成功还在于巧妙地把握了商务人士生活方式的特点，并深刻剖析了商务人士在工作当中所面临的心态上的困扰。这些都奠定了《平行相交》的中心基调，直击目标消费群体的内心，从而牢牢扣住目标群体的眼睛，迈向成功。

（二）不间断的营销活动，形成持续的话题热点

营销活动不是“一锤子买卖”，是需要不间断地去执行的。IBM 从微电影上线之后，在新浪微博上持续不断地进行宣传，并借助于企业微博矩阵，广泛扩散。IBM 新浪微博账号的粉丝中有很多都是已经认证的知名人士，这些知名人士自身又有大量的粉丝。这样一来，只要 IBM 新浪微博上有任何新的动态，立马形成“裂变式”反应，使得 IBM 的品牌形象一直得以传播。

此外，IBM 会不定期地召开一些活动或者论坛，这些活动本身就是新闻热点，会吸引大量媒体的争相报道，这也能不断地宣传 IBM 的“社交商务”理念。如此免费的“广告”同样给 IBM 带来了极高的关注。

（三）放低姿态，一切为客户服务

IBM LOTUS 软件之前在消费者心中形成了老化、高端的印象，便与一些中小客户产生了距离感。IBM 在整个的营销过程中，十分注意自己的姿态，尽量以一种平等的态度去对待所有潜在的客户。包括 IBM 举办的咖啡馆沙龙活动，就是走进普通的商务人士中间，让他们近距离地感受 IBM LOTUS 软件的各项优质服务。

（四）广告投入费用少，效率高

IBM 本身具有的品牌效应，使得 IBM 没有必要进行大规模的传统广告宣传。所以，IBM《平行相交》在媒体投放上几乎没有任何支出。在整个营销活动中，IBM 广告投入费用较低，但由于传达到位，广告效果十分显著。“实效”一词对于 IBM 此次的营销活动来说，确实是名副其实。

金　融　类

【金融类·时报华文广告金像奖】

不平凡的平凡大众：台湾大众银行《生命树》电视广告

一位小有所成的老商人卖掉公司，投入全部家产和精力来买树和种树，不惜与家人反目，甚至以身阻挠地产开发商来保护他心爱的树木。老人为何如此执着，奋不顾身拼尽一切地保护树林？答案在台湾大众银行2012年全新电视广告《生命树》里。这则广告改编自真人真事：1999年台湾大地震，他正在山间驾车，跌入山谷的树林里却存活了下来。老人说："树会说话，他们给我生命，给我水，给我空气，树救了我，他们只请求一件事，还给他们生存权。"

最后道出大众银行的广告语："相信，不平凡的平凡大众。"台湾奥美与大众银行合作的第四个广告片，触动人心、发人深省。

一、从泪点到经典

2012年台湾大众银行新广告《生命树》终于在万千期盼中上线，广告长达3分30秒，由台湾奥美创作。同2009年到2011年投放的三个广告《母亲的勇气》、《马校长的合唱团》、《梦骑士》一样，都改编自真人真事，以催人泪下、震撼人心的情感诉求让广大观众瞩目和感慨。身为电视广告片，除了目标消费者以外还切实影响了大量人群，引起人们对于人性、情感、梦想和社会环境的思考与深刻讨论。既传递了大众银行品牌的营销信息，同时又构建了大众银行的品牌文化与人文精神：相信不平凡的平凡大众。一句简单的承诺，观众却无不动容。

故事讲述了一个名叫陈元的老商人卖掉自己的产业，倾其所有去买树种树，保护森林，面对包括家人朋友等许多人的质疑、不满和蔑视，老人依旧一如既往地努力着。最后他被肆无忌惮地破坏森林、无止境的商业规划和地产开发激怒，他只身前往施工现场，试图以自己的身体阻挡施工队伍，保护那棵孤单的大树。他愤怒地向施工人员发出警告，却被强行拖离。他跪倒在地，撕心裂肺的哭喊振聋发聩，那是一个老人孤单的呐喊，是他试图对抗破坏与贪婪，试图维护人类与自然的和谐，是他拼尽所有，于绝望中挣扎。看到这一幕，你如何能不为之触动、落泪？

接着广告片道出了陈元老人如此坚定付出的原因。1999 年，台湾“9·21”大地震，当时老人正驾车在山路上，道路断裂，他连人带车摔进了路边的山林。在生机渺茫的情况下，是森林给了他力量，给了他活下去的希望。饿了就吃树林里的果子，渴了就用树叶接雨水喝，靠着树藤，老人最终爬上了山路，重获了生命。在树林里求生的经历让他把树当做他的生命之源，他怀着感恩之心聆听着自然的声音，希望能够为这些赐他重生的树木争取到同样的生存权。于是他耗尽毕生心血只为了这一个坚定的信念和目标，尽可能地从现代冷漠机械与钢筋水泥中拯救更多的树木，甚至不惜与家人冲突，对抗权势阶层。

因为有着前两年得到广泛瞩目、影响颇深的《母亲的勇气》、《马校长的合唱团》和《梦骑士》这一系列广告的铺垫，大众银行 2012 年度的新广告还未上线便有观众在热烈期待。2 月 29 日，《生命树》出现在大众视野里，奥美出品，依然是延续了前几部文化和情感传递的诉求风格。创意依旧来自台北奥美 ECD 胡湘云亲自收集的台湾当地的真实故事，但主题明显大了很多，超越了人与人之间的亲情，上升到了人与自然环境和谐的呼吁，展现了人更深层次、更本真的情感。

二、只谈挚情不言商

台湾大众银行自创立以来，所秉持的经营理念就是稳健、专业、创新及服务，强调为客户提供全方位的金融服务，推行金融商品专业化、客制化以及为客户提供全方位的理财服务，力求成为客户终身信赖的银行。

人们对银行业的认知普遍集中在冷漠、严谨、高度规则化这些关键词。2008 年底，美国次贷危机加深，雷曼兄弟破产，全球金融危机风暴加剧了经济动荡。而这时台北奥美赢得比稿，奥美胡湘云开始着手大众银行的广告策划。在经济不景气的高压下，大众对人情冷暖认知深刻，他们对高姿态和功利心异常敏感，对于高高在上的事物充满怀疑和排斥，故贴心与关怀才是真正能打动大众的元素，尤其是对于银行这样的金融行业。而这几年的广告投放下来，台湾大众银行已经成为温情、体察大众、关心每一个平凡人的代名词。品牌知名度伴随着好感度一路飙升。这个提升的过程，在于品牌名称与核心文化的准确对应和挖掘。

大众银行代表在与奥美胡湘云沟通时，强调不要刻画任何有关银行服务或商品的元素，只要人们记住他们是谁。如果广告片本身与品牌关联度过低，就无法让受众真正接受和记住品牌。于是，胡湘云想起了曾经的一个梦想：把日常生活中最平凡的人们搬上创意舞台，让人们看到生活中真正的英雄。她知道，绝佳的时机到了。她找到了这个关键点“大众”。在接受《广告杂志》采访时她表示，成功让广告赢得瞩目的秘诀在于：诉诸人心。只要广告故事的冲击力够强，就能被观众记住，她还认为，广告人若具备“通俗”能力是好事，通俗代表能接触到最多人，而且易于理解，引起共鸣。她决心要以大众为核心，在广告片中讲述真实的大众故事，她说：“我一直用我会做的事，为我的同胞做点事，所以，当我 study（学习）100 多个真实故事后，我越发觉得应该告诉更多人，台湾人有多么不寻常。”

这样就开始了大众银行从 2009 年《母亲的勇气》到 2012 年《生命树》的人文旅程。第一步，通过联结“大众银行”名称与创意构想，广告口号被确定为“不平凡的平凡大众”。第二步，由口号出发，从居住在台湾这片土地上的人物中，发掘最能打动人心的真实故事。第三步，再强调除了让广告片和品牌被观众记住之外，还要试着让观众从故事的意义中反思自己的人生。①

一个老妇人，因为携带违禁品，在委内瑞拉机场被拘捕了。

她是一个台湾人，没有人认识她。她告诉他们，这是一包中药材。她是来这里给女儿炖鸡汤补身体的。她女儿刚生产完。她们有好几年没见。

蔡莺妹，63 岁，第一次出国，不会英文。没有人陪伴，一个人独自飞行三天。三个国家，三万两千公里，她是怎么做到的?

坚韧，勇敢，爱。不平凡的平凡大众。

——《母亲的勇气》文案

2009 年，《母亲的勇气》上线。一位 63 岁的台湾母亲在语言完全不通的情况下，从台北经洛杉矶转机，再到委内瑞拉，她在异国人潮涌动的机场狂奔，在冰凉的候机厅座位上打盹，举着纸条姿态卑微地在陌生人群中问路，只为了去照顾她那多年未见，刚生产完身体还虚弱的女儿，却被执法人员怒吼质问她带的中药是不是违禁品。故事源自 2006 年 12 月 14 日深夜，台湾民视记者萧惠芬在洛杉矶遇到了一个纯朴的台湾阿嬷徐莺瑞。这位不会英语和西班牙语，甚至连汉语也说得不太好的阿嬷，只能靠着一张皱巴巴的中文、英文、西文对照的小抄一路辗转。这个电视广告片于 2009 年 2 月 12 日正式在台湾播出。作为“不平凡的平凡大众”概念的系列广告片的第一个，大众银行投资了 2 000 万新台币，由奥美胡湘云和泰国金奖

① 经理人. 台湾奥美广告执行创意总监胡湘云：故事冲击性够强，广告才能被记得[DB]. http：//www. managertoday. com. tw/？p =4758.

导演 Sornsriwichai 合作拍摄，希望借由该片展示台湾人民坚韧、勇敢、真诚且善良的一面，做“最懂台湾人的银行”。

马大山，校长先生。他不会乐器，不懂乐理，但他有个合唱团。十五年来，他坚持每天放学后教孩子们唱歌。他像父亲一样，用歌声陪伴他们长大。他对孩子们说，你能唱出这么美丽的声音，就表示上帝对你与众不同，你也要爱你的与众不同。

那个大日子，孩子们吓坏了。校长告诉他们，闭上眼睛，张开嘴巴，只管唱出山上的你。

这一天他终于让天使相信，自己就是天使。

关注，陪伴，相信。不平凡的平凡大众。

——《马校长的合唱团》文案

两个月后，《马校长的合唱团》开始投放。这个故事讲述的是一位连五线谱也不懂的校长，15 年如一日地带领原住民国小的合唱团练习、比赛，帮这些小朋友实现唱歌的梦想。故事原型就发生在南投信义乡的东圃国小，在资源极其匮乏的情况下，马校长利用课余时间带领孩子们练习，帮助他们克服自卑和紧张，鼓励孩子们勇敢地唱出真实的自己。广告片由天后张惠妹配音，马校长这一角色请到张惠妹的舅舅出演，台湾阿美族的小朋友们出演片中的合唱团成员，完整动人地讲述了平凡的人物以坚定的信念和不懈的努力完成不平凡梦想的故事。

人为什么活着，为了思念，为了活下去，为了活更长，还是为了离开？

“去骑摩托车吧！”

5个台湾人，平均年龄81岁，1个重听，1个得了癌症，3个有心脏病，每一个都有退化性关节炎。6个月的准备，环岛13天，行程1 139公里，从北到南，从黑夜到白天，只为了一个简单的理由：人，为什么要活着？

梦。不平凡的平凡大众。

——《梦骑士》文案

2011年的除夕之夜，《梦骑士》通过网络发布，再次让大众银行受到关注。这则广告改编自2007年弘道老人福利基金会所发起的“挑战八十，超越千里，不老骑士的欧兜迈环台日记”活动。17位平均81岁的不老骑士骑着机车环游台湾。“之所以举办这个活动，是为了改变大众认为老了就无用的消极观念。”该基金会表示。这17位老人均在身患重病的生命暮年，骑车行完了1 139公里。这则以“人为什么活着”提问开头的广告片，以“梦”作为结尾和答案，感人至深，两天之内便转发过万，在新年之际，带给人们的是勃勃生机，催人奋发。

陈元，67岁，他卖掉辛苦一辈子的公司。把得到的钱全部买树。他不断种树，买森林，每天和树说话。

树会说话。他给我生命，给我水，给我空气。树救了我，他们只请求一件事，还给他们生存权。

树会说话，你听见了吗？

相信。不平凡的平凡大众。

——《生命树》文案

到了2012年，胡湘云想把广告主题切入更大的层面上，找发散能力更强的议题。于是在自己收集的故事里，她确定了这样一群热爱树木，热爱自然的人群，希望通过“人与自然”的议题引起更大范围的共鸣和讨论，于是有了《生命树》的创意。一个老人毕其一生种树买树，保护森林，甚至在情急绝望之时不惜以自己的身体去阻拦破坏自然的地产开发商。他把树当做自己的亲人，只要跟树在一起，他就开心、满足。

然而，这个广告上线后反响却没有如前三个广告片一样引起轰动和广泛讨论，因为精神层面超越了人与人之间的情感，上升到了更高的人与自然的关系，对于大众来说要消化这次的创意需要更多的理解和时间。在接受“广告门”的专访时，胡湘云表示这在她的意料之中：“正是因为人们对树木、对环境的感觉不够强烈，我才坚持要去做这件事情。树木虽然不能跟小猫小狗一样摇着尾巴去取悦你，但他们却早于人类存在。他们对人类有无私的、巨大的贡献。我希望通过这个片子让更多的人，不仅仅是台湾人，还包括更多地区、更多国家的人都抬头看看为我们提供氧气，提供美好生存环境的树木，多给他们一些存在的尊重。”

《生命树》与前三部作品相比，还延伸到了新的领域，除了电视广告片外，奥美还添加了数字媒体的部分，提供网上主页和定制 APP 应用让受众参与体验。

三、钢筋水泥森林中的人文生命树

在信息膨胀、物欲横流的新媒体时代，人性动荡，各类价值观横陈，人文精神是在繁杂、过剩的消费信息中，能帮助品牌在消费者心中留下痕迹，并建立稳定地位的关键元素。台湾奥美帮助大众银行拍摄《生命树》这一类的广告片，通篇不提任何大众银行的服务信息，只选择用讲故事的方式，用故事中的人物和情感来建立观众与品牌的联系，这种联系，就是价值观和人文精神，是属于品牌独特的、标志性的文化。

L. G. 希夫曼和 L. L. 卡纽克的《消费者行为学》中指出："在消费者行为方面，文化被界定为已习得的信念、价值观和风俗的总和，这些信念、价值观和风俗有助于规范具体社会中的消费者行为。信念和价值观是消费者行为的指南。文化对社会的影响是如此的自然和深刻。"① 文化才是潜移默化地影响人们改变或保持消费习惯的根本因素。在当前社会普遍需要人文关怀，需要人文精神上的引导的情况下，大众银行选择避开明显的功利性营销方式，用感人肺腑的、印象深刻的真实故事打动观众，传递亲情、梦想、坚持与保护自然的价值观，引导观众思考，以"不平凡的平凡大众"鼓励和吸引千千万万的平凡大众，用故事引导情感，用人文精神引导品牌忠诚。

那么奥美在创意过程中挑选故事的标准是什么呢？胡湘云表示："第一，他的故事本身一定要够特别。第二，他所谈的东西有共鸣度，这是很基本的东西。第三，我当然会希望我每一年所挑选的主人翁都不要重复，譬如第一年的母亲，母亲的角色我就避免在往后的几年出现类似的角色，可能上了年纪的女性类似的就不再出现。另外每一年我希望谈一个关于人生方面的东西。譬如说谈梦想，梦想跟人生的关联，那就真的非常紧扣，这是非常重要的。接下来我可能谈的是信任，然后再谈别的东西，譬如说仁慈或者其他。我希望我每年挑的东西是可以走出台湾的，不只有台湾人有共鸣，大陆有共鸣，其他的国家也可以有共鸣。我希望我做的东西能够

---

① ［美］L. G. 希夫曼，L. L. 卡纽克. 消费者行为学［M］. 俞文钊，肖余春等译. 上海：华东师范大学出版社，2002. 459.

有影响力，影响更多的人，这是我想要做的事情。我希望能一直延续下去。"①

《生命树》中的人物陈元，通过努力工作来实现他的愿望，然后舍弃这个社会普遍看重的财富、资产和名望，去做一件少有人有勇气去做的事情，并且能够承受身边太多的不满和责问，凭着内心深处的一份信念去实现自己的愿望。保护树林，还给树以生存权，是他个人的价值观。这样的价值观出现在屏幕上时，几乎所有人都能够理解并赞同，这是多么高尚、多么纯粹的信念啊。但广告片中陈元只身抵抗开发商和施工人员的片段，作为整个故事的高潮，以强烈的戏剧冲突带给观众以震撼，相信不少观众会直接联想到自己，我们都认为买树种树和保护森林是正确的、应该投入的事情，甚至我们也愿意亲身参与到保护树木、保护自然的行为中去，但我们又有几个人能够做到陈元那种程度呢？对于这一点，胡湘云一语中的："人们天生喜爱故事并向往那种自己也许难以实现的生活，他们需要这些正面的力量来满足自己，尤其这些故事都是真实存在的。"放弃用于生活享受的财产，放弃体面精致的形象，不惜与强权势力正面冲突，这些都需要强大的价值观力量来维系。大众银行传达这样一个形象，也就间接传递了大众银行稳重、坚定、弘扬生态环境保护的信息，永远与"不平凡的平凡大众"站在一边的品牌文化由此形成。从某种程度上说，大众银行就是片中的陈元，而作为观众的大众就是陈元拼尽全力保护、爱惜的树。

近年来，广告界和一些学者总结了广告界的实际情况，提出了"新广告运动"，旨在改变传统以单纯推销商品为特性的广告模式，发扬广告商业行为合理性的同时，寻求广告商业行为和人文精神的交汇。"涉及人性、人生价值、人生意义等一系列问题，这些问题必然指向人类生存境遇等终极关怀。"② 而大众银行在台湾奥美的创意下投放的这一系列广告片，恰恰就是明确、诚恳地表达了品牌自身对真实人性和情感、对普通大众的人生价值的关注与尊重。

这也印证了广告大师詹姆斯·韦伯·杨的观点，他认为广告的文化附加值是"通过广告在产品的有形价值上附加的无形价值"。通俗地说，就是广告中的文化因素使产品增加了那部分价值。文化附加值使商品超出了其本身的意义，它以期望、关爱、理想等价值形式给人以人文关怀，人们

---

① 文静. 胡湘云和大众银行的美妙情缘 [J]. 广告导报，2012 (4)：104~109.

② 张金海，姚曦. 广告学教程 [M]. 上海：上海人民出版社，2003. 32.

甘愿为商品所含的额外的文化价值付费。① 这种文化上的感染力比直接明确地传达商业诉求要强大得多。胡湘云表示本来大众银行方面并没要求奥美创作的广告在生意上先带来什么反应，但真的出现了很大改变。大众银行总经理说，他刚去台湾接下大众银行的工作时，去拜访很多外商银行的老板，受冷遇是常态。而这些广告投放产生的效果就包括，曾经姿态不屑的客户开始主动联系大众银行。同时，大众银行各分行分别反映客户量有明显提升，业务员打去各中小企业的电话，也不像以前一下被拒绝，现在大家普遍对大众银行的员工态度有所好转。另外，大众银行的员工不再觉得自己的公司默默无名，而是拥有一种作为公司品牌下的员工的自豪。

大众银行的成功除了台湾奥美的创意和胡湘云对台湾本土精神的巧妙挖掘之外，还有一个重要因素，便是胡湘云所说的“理想客户”。好作品的背后定然有个开明的易于沟通的客户。总体而言，在胡湘云眼中，最理想的客户就是胡湘云愿意为之倾尽自己力量的客户。

“我个人更偏爱为有理想的企业主做一些事情。他思考的东西不光是一年盈利多少，或者收购什么、购买什么，他心里还有一个角落存着别的生命，别人生存的东西，或者是应该得到尊重、得到关心的东西。我真的比较偏好与这样的企业主合作，而且我有很大的把握能够帮这些企业主达成他们的目标。”

她还表示希望以后能多碰到这样的客户，应用她的所长，影响、帮助更多的人，她希望以后碰到的客户对所谓企业愿景多承担一些社会责任，对这片土地，对这个世界多一些想象。她也愿意多帮这样的企业去做一些事情，做一些好的广告。

品牌将自身的商业愿望转化为人文精神传递给消费者已经被多次验证获得成功，这成为今后广告的发展趋势。在全球经济危机与社会精神危机时代，品牌需要传递正确、有冲击力的价值观，引导人们尊重自己脚下的土地，遵循这个世界最淳朴自然的规则，在明晰的人文精神引导下，完成作为一个平凡大众所拥有的不平凡梦想。

---

① 贺雪飞. 以“商品”为中心到以“人”为中心——广告文化附加值诉求动因探析［J］. 新闻界，2006（4）：98～99.

汽 车 类

【中国广告长城奖媒介营销类金奖】

微博史诗——迈锐宝“时光巡礼”

每个人在现实生活中都有一段属于自己的历史，那么在虚拟的网络世界中，是否可以通过对我们的网络行为进行归纳分析，呈现出我们的网络人生轨迹？迈锐宝首创了新浪微博互动史诗——迈锐宝时光巡礼。它以用户的原创微博为素材，结合三维技术制作的微博时光史诗，以微博上的社会性大事件为背景，将碎片化的个人信息重新整合。此传播策略是继微电影《心回 Malibu》传递的“真我本色，驾享有为人生”后的又一次升华，并一举荣获 2012 年中国广告长城奖媒介营销类金奖。

一、令人心驰神往的前期广告

2011年，雪佛兰决定要在中国引入迈锐宝之后，中国区的品牌传播团队与代理公司上海麦肯SGM Works开始对消费者进行调研，对喜欢迈锐宝的未来车主进行一系列的观察和研究。

迈锐宝定位于有能力购买16万元以上价位的车主，即面对的人群主要是一些处于社会中高阶层的人士，而值得重点关注的是整个社会处于中高阶层的人群有普遍年轻化的趋势，这与传统的观念相悖，传统的观念认为中高层人士大多时至中年，事业处于求稳状态。

调研团队得出了这样的一个结论："他们的平均年龄更加年轻，尽管他们一样努力奋斗，生活积极，但是他们的生活态度已经不同于父辈，他们更崇尚'WORK HARD，PLAY HARD'的生活理念，在人生前进的途中，也会不断犒赏自己，尊重自我的感受，享受努力奋斗的成果。"这也是雪佛兰和上海麦肯对迈锐宝未来车主的素描。由此，"真我本色，驾享有为人生"的品牌主张正式确立。①

为此，雪佛兰迈锐宝决定制作一个既能代表品牌主张又能够感染消费者的微电影广告。由于梁朝伟具有国际知名度，并为众多消费者认知和认同，顺理成章成为此次《心回Malibu》微电影广告的主角。

《心回Malibu》讲述的是一个男人的心路历程故事，也是一个注释品牌的传承故事。梁朝伟饰演的男主角是一位国际巨星，他内在有一种不受束缚、追逐自由的气质，并坚持忠于自己的内心，敢于超越。当他被包围在闪光灯之下时，他看到了他喜爱的汽车品牌"雪佛兰迈锐宝"，在那辆迈锐宝的身上他仿佛看到10年前的自己，那个敢闯敢超越的自己，他感到有一种力量驱使他去驾乘心中喜爱的迈锐宝。于是他不顾周围的环境，偷偷驾乘了一辆新一代的红色迈锐宝，自由地驰骋在美国一号公路上。他逃离了喧嚣，逃离了浮华的霓虹灯。他打开车内的音响，响起*California Dreaming*，他的心沉静了下来，这一刻是多么美好……他的车后出现了另一辆车，那辆车是如此熟悉！他的思绪一下回到了10年前，那个倔强、不屈服、爱追梦的自己在一次好莱坞电影拍摄中，像今天一样，驾乘了那辆雪佛兰。那次的驾乘危险丛生，但是他都能从容应对，多么喜爱那时的自己，年轻、从容、忠于自己的内心。10年过去了，自己改变了很多，但依

---

① 孟丽君. 迈锐宝与梁朝伟：半个世纪后的邂逅［J］. 现代广告，2012（15）：70～71.

旧不变的是自己的内心，那颗追逐自由、梦想的心。所以当他看到后面的那辆车追赶自己的时候，他如10年前一般，从容地和那辆车展开了比拼。10年了，自己依旧能驾享自由。当广告片最后梁朝伟那富有磁性的声音“下一站去哪里？跟着心走。真我本色，驾享有为人生”出现时，观众难以平静，甚至会陷入自己10年心路历程的回忆之中……

梁朝伟拍摄此次微电影广告后表示：“我觉得在人生路上，最重要的还是要忠于自己，就是跟着自己的心走，这样你才会很享受，才会让你的人生很精彩。”

雪佛兰迈锐宝的《心回 Malibu》在2012年的第一天播出，通过对投放地点、时间的选择，再加上高强度的投放使得“迈锐宝”迅速成为2012年年初的热门词。

后续的“迈锐宝时光巡礼”也传承了“心路历程”这一概念，在虚拟的网络领域展开强大的情感攻势。

二、应用体验：震撼的微博心路历程

2012 年雪佛兰第 8 代迈锐宝上市，这是一款有自己时间轴的车，在中国却不为人知。汽车市场使人眼花缭乱，如何令迈锐宝成为能开进人们心灵深处的车，平台的选择至关重要。于是，当下中国最流行的社会化媒体、覆盖了 3 亿网民的新浪微博成为首选。迈锐宝创造了一个应用“迈锐宝·时光巡礼”。

从 2012 年 5 月 22 日开始，当你点击微博主页面时光巡礼的广告时，静心等待一分钟，一辆红色的雪佛兰迈锐宝“嗖”的一声从远处的美国一号公路行驶到你眼前，对，这一站是“MALIBU，BE ORIGINAL”，继续点击左下角的“START”，你的微博心路历程随之开启。

你穿梭于雪佛兰标志性的蓝色时空隧道，幽静的电子音，在你的心中开始荡漾。由实时三维技术展现的全景式时空之旅就此开始。你穿过了金色的雪佛兰之门，来到了一片未知的心灵净土。一个富有磁性的声音开始响起，引领你一起追溯自己的微博心路。

“此刻，在时间的维方中，人们凝望着你，倾听你心灵深处的声音。”蓝色梦幻的三维空间，你可以看到许多陌生的身影从你身边匆匆而过，你盲目地摸索，穿过时空迷宫，终于在光芒中看到自己的巨幅微博头像。在时光之门内，你是主角，你可以开始真正地重新认识自己，感知自己。

“你从哪里来？你可曾凝望内心的珍宝？”你感到迷茫，你的微博头像瞬间化为一地的碎片。对！你并不了解你的过去与未来。在你的蓝色心湖之上，架起了一条你的人生运行轨迹，每一个点都是你值得珍藏的记忆碎片。也许你早已忘诸脑后，但是此刻它们触动了你的心湖，你的内心泛起阵阵涟漪。

“这是你第一次用微博发声。”你来到了你微博的第一个站点，站牌上写着你发的第一条微博，紧接着的是你的第一个关注，你赢得的第一个粉丝，你的第一条评论。这一刻，你正式成为一个可能在微博领域影响世界的人。

“你的照片与行动相连。”你来到了你自己的时间画廊，在这个画廊里，都是你曾经在微博上上传的照片，照片里映射着你的足迹，透露着你的心声，记录着你的表情。各种各样的事件，串成现在的你，你是否还记得这些有意义的瞬间？你是否还记得当时你拍下这些照片时内心的思考？

“时光折射着你的形象，你在时光中创造着你自己的史诗。”通过心理学模型和实时语义分析创造个人情感花园，那些展现你喜悦心情的微博，映入你的眼帘。同时你有过的悲伤，那些令人心碎的语句，触动着你曾经脆弱的心房。

你进入了一个自己的人际世界，那是你宏伟的微博圣殿，那些与你相连的人，组成了你的小世界。“有多少人一路追随你的脚步？只因相信你不悔的初衷”，谁曾经给了你最多的评论？他该是那个最关注你的人……你最喜欢@的人是谁？他该是你内心最珍重的人……

“有多少人一路回应你的激情？只因你心中的热爱，从未远离……”

当你沉浸在过去的感动中，深邃的蓝色激光束将你淹没，3 年微博历程，归结为黑暗中的那几个微小的数据，那是你自己的微博影响力。你的微博活跃度是多少，你的微博传播度是多少，你的微博覆盖度是多少？你为你自己感到自豪，因为那是你在用自己的力量影响世界。“你骨子里有一股劲，你相信你的微博之力可以改变世界。”

从来没有一个心理分析的旅程如此奇妙，迈锐宝时光巡礼让人们获得了对自己更深入的洞察和反省。将人们的微博习惯和性格特征变成一个影像精美绝伦的视觉化体验。你性格的曼陀罗花层层绽放，或是紫色，或是绿色，或是橘色，或是粉色……最后以 3 种形状、5 种颜色的三维模板呈现人的不同心理类型和社会化情绪。“时间之上，磨不灭你性格的棱角，每一个微博的心灵都是时光中最闪亮的地标。”

你到达了你心湖的最中央，那里有一辆迈锐宝在等着你，你的内心升腾而上，回归在迈锐宝停歇的地方，这是你的心灵地标。你微博的时光轴标刻在此处，这就是微博中的你，标记你的人生原点，发现你自己在数字时空的另一种事实。

“世界上有太多的心灵动荡，情绪化的社会呼唤着精神的力量，你低落过，但从未退缩，一些小小的感动激励你继续向前。”超越那些微博碎片，迈锐宝用数据为人们讲述了一个社会化的故事，一部个人化的时光史诗。当人们被自己真实的时光记忆打动，迈锐宝已悄然驶进人们的心灵深处。“你从哪里来？走过了什么样的道路？将到哪里去？”Be Original. Be Yourself.

最后页面上的一段文字，敲击着你的心灵：“不要说你开过最险的路，也不要说你见过最美的风景，更不要说你享受过最纯粹的驾驶，开上美国加州 Malibu 一号海滩公路，让最险峻的路臣服于你的车轮下，让最美的风景因你的征服而风光无限。”

当你走完这段时光巡礼后，你可以挖掘更多好玩的信息，在整个页面的左侧，你可以翻阅自己的“真我本色”，其中包括你的情绪本色、行为本色、时间本色、友情本色。你还可以分享自己的时光史诗或者专属的微博勋章，如果你对名人的微博史诗以及“真我本色”感兴趣，还可以在页面的右下方点击全部史诗。如果这段旅程让你对迈锐宝产生极大的兴趣，在页面上就可以直接点击“试驾申请”。

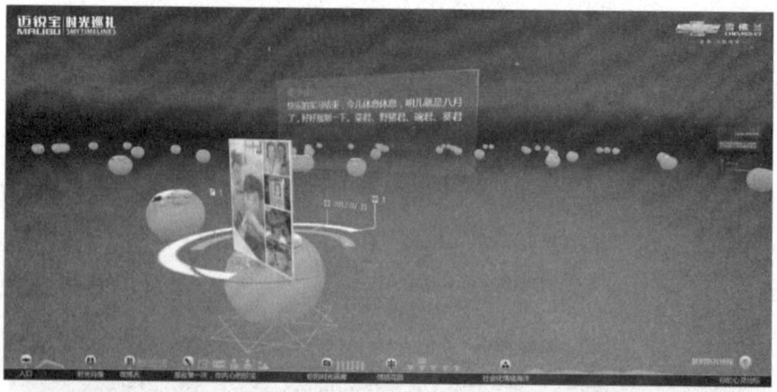
迈锐宝 | 时光巡礼
MALIBU | MYTIMELINE
雪佛兰
CHEVROLET

迈锐宝 | 时光巡礼
MALIBU | MYTIMELINE
雪佛兰
CHEVROLET
转发数/10

迈锐宝 | 时光巡礼
MALIBU
雪佛兰
CHEVROLET

迈锐宝 | 时光巡礼
MALIBU | MYTIMELINE
雪佛兰
CHEVROLET
活跃度80%
传播度88%

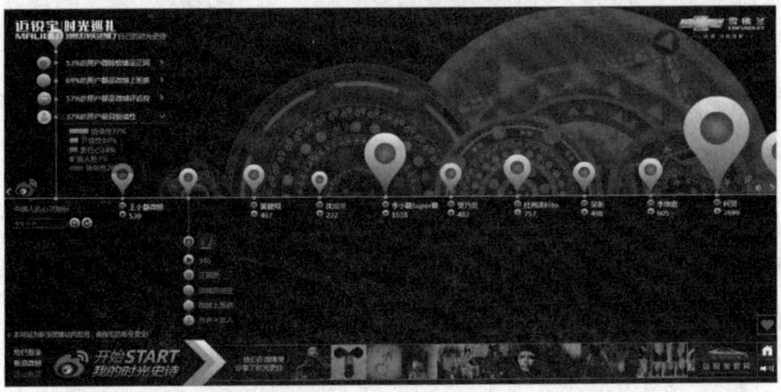

三、创作团队技术大闯关

随着#时光巡礼#被疯狂点击，人们开始着迷于述说自己的微博心路历程，迈锐宝时光巡礼背后的工作团队——华扬联众浮出水面。

2009 年，华扬联众决定顺势行动，在创意总监王雪松的带领下“华扬亚实验室”成立。“亚状态互动”的领头人王雪松先生是一位在业界深具影响力的广告人和艺术实践者，他始终充满活力和原创力的 Crossover（跨界）式的工作方式，以及他运用互联网媒介特殊形式进行社会思考的工作理念，都为他在互联网新媒体业界赢得了广泛声誉。“亚状态互动工作室”从未拘泥于任何形式，他们始终以最开放的姿态将商业与艺术项目并行纳入思考与表达中，保持着作品的先锋性与批判性，并引领着本土互联网的另类设计时尚。

在此次迈锐宝时光巡礼中他们所展现的确实是一次跨越技术难关的更加坎坷和伟大的心路历程。

（一）难题一：如何利用微博碎片重塑微博史诗

新浪微博的数据支持和受众广度成为了华扬联众展示这场 Show 的最

好的依据。然而人们在微博上的文字信息是碎片化的，要想整合成能描绘心路历程的史诗着实困难。华扬联众确立了这样一个基本概念，就是要有一条主线贯穿其中，并在这条主线上，每一个点都能打动人心，每个人都经历过这些体验，最后能引起大家的情感共鸣。

Timeline 的出现，无疑给团队带来了福音。有了 Timeline，就像扎克伯格说的："自此，你的生活，全部都在网上了。" Timeline 将让每一张"Face"生成专属自己的"book"，这些 book 中蕴含了用户消费倾向，而这一本本承载重大意义的 book 将是 Facebook 未来重要的商业价值所在。Timeline 有助于"数据"的挖掘分析，从而大幅提升广告的精确投放效果，也有利于 Facebook 开发出对用户更具吸引力的应用，并且可以通过用户行为预测多个行业的发展趋势，开发一对一的消费驱动模式，可见，其蕴含了巨大的商业价值。Timeline 时间轴的这一新应用模式是否能用在微博的这个平台上？通过技术找到每个人微博的 Timeline 成为整个团队的兴奋点。如果只是不断告诉大家，你的第一次是什么……再有纪念意义的点也因缺乏创新而显得枯燥乏味。人的心路历程不是程序，不是数学运算，只有感性的、能体现心灵的、细腻和柔软的东西才能打动人心。即使这是一次网络虚拟的社会历程，也必将能体现人性的光辉。

所以华扬有了个很好的主意，就是以情感为一条主线。这条主线分成两部分：一个是个人情感，另一个是社会化的情绪。个人情感中选择了喜悦、悲伤等矛盾的情绪表现。社会化情绪则上升一个层次，展现的是一个社会与我，即我与社会的互动，比如一些对微博热点事件的议论，对微博公益的支持等等，这种社会化情绪使得"我"这个个体更加丰满，更加形象。

（二）难题二：如何将创意变为画面

也许很多人认为时光巡礼只是一个简单的 Flash，或者一段视频，其实不然，虽然华扬团队给出了故事梗概，演员却是碎片化的 3 亿微博用户，要做这部"电影"的导演可不是懂画面感就行的。

华扬实验室的创意技术工程师需要利用 Flash Stage 3D 来构建整个三维实时影片，这是中国互动创意技术领域第一次使用 Stage 3D 技术来制作大型交互体验网站，也是第一次用数据分析的方式实现整合交互体验。正是在这个过程中，三维导演夏鹏、新浪微博数据团队（李逸宁、马骏、王树昌等）、葛剑桥博士、微博营销专家曹斐、晶赞数据分析团队（宁绍军、唐英荣、李炳辉)、电子音乐作曲人睦琏、配音演员周扬等相继加入这个有趣的团队，开始了逐项攻关。

华扬亚创意技术团队早在提案阶段就开始研究当时刚刚发布的 Stage 3D 技术，甚至专门拜访了 Adobe 工程师探讨技术实施的可能性。一个基本的诉求始终萦绕在华扬亚创意技术工程师闪鹰的心头：“这个故事要有感动。”“能够让人感动吗”成为华扬亚创意团队无论做故事板、场景优化，还是编写数千行代码、调整参数的时候存于心中的审视基准。

正是这个基准，使得程序工程师闪鹰和三维动画师卡男研发出了将 3D MAX 摄像机镜头数据直接导入 Stage 3D 的技术解决方案，以及可以称得上“代码诗人”的程序工程师闪鹰、贾家基于 WebGL 创作出的那些令人印象深刻的精美画面：微博的心湖、情绪花园、社会化海洋、微博影响力、根据个性特征变色的三维曼陀罗。

（三）难题三：如何提取有情感的数据

在时光巡礼中会看到许多的第一次提示，“这是你第一次用微博的声音向世界发言”、“你开始了第一个关注”、“你赢得了第一位粉丝”，看似简单的数据挖掘，操作起来并不容易。例如准确提取“第一位粉丝”就是难点之一，因为每个人的粉丝量不定，小到个位数，大到上百万，“新浪微博的数据结构在不断调整，数据不在同一个服务器上”，各种因素导致了一个问题：“按照最初的算法，如果一个人的粉丝不超过 5 000，那抓取出来的第一个粉丝确实是他的第一个粉丝。但如果一个人的粉丝超过了 5 000，甚至达到千万级别，出来的则是第 5 000 个粉丝。”发现这个问题后，团队开始重新开发计算接口，对粉丝超过 5 000 的用户调整计算方法，问题得以解决。

如果只是碎片化的情绪，即便抓出了“喜悦”、“悲伤”的情绪，离团队最初设定的目标还有差距。要呈现基于社会化网络的虚拟个体的“真我本色”，需要呈现出每个个体独立的、差异化的人格。传统的心理学研究以问卷、面访、观察等形式进行，这次他们最初研究的范本是 2 000 个微博用户。团队采用五大人格作为研究方法，通过分析网友的微博语义，研究网友的微博行为，最终完成了一个微博人格的基础研究模型，它包括五种不同的微博性格特征。

这五种性格在视觉上被赋予蓝、绿、红、粉、黄五种颜色。“原本，我们希望大家从入口的隧道开始，场景的主色调就是属于自己性格的颜色。但由于整个项目历经半年，规划和整合层面都有一些损耗，最终还是因为时间、精力等问题放弃了，只在最后的心灵地标部分保留了个性颜色。”在这样一个全新的项目中，难免留下些遗憾。

（四）难题四：如何营造电影一样的氛围

克服了技术上众多的难题后，作为一次广告宣传，雪佛兰最终想让消费者对“真我本色，驾享有为人生”产生更深的共鸣。

团队需要结合创意、技术和电影的各种手法来达成这样的目标，其中音乐是一个重要的元素。华扬亚需要能表达内心纯净的音乐，所以放弃了与商业广告音乐的合作，选择了一位自由电子音乐人——睦琏，希望他的音乐能够“营造内心的、时光流动的感觉，强化形象感”。于是，在时光巡礼的入口，用户穿过隧道，耳边响起的不是空洞枯燥的旁白，而是一曲能带你进入一个幻境的电子音乐。

好的旁白也是为影片加分的方式。左耳的录音师陈雷是声音的最终控制者，陈雷认为这个东西需要有情绪，但绝不能太装。他推荐的周扬在试读后很快就找到了感觉，读到最后，周扬都被自己感动了，他相信时光巡礼一定能在微博上红火起来，结果也印证了他的直觉没错。①

四、时光巡礼的效果

该活动上线仅 12 天，视频总生成量就超过 5 万，APP 应用微博授权人数达 10 万，搜索#时光巡礼#，共计有 40 万左右的搜索结果。@雪佛兰官方微博的粉丝量日增长 0.5%（未推广活动之前，粉丝日增长量约为 0.015%）。活动正式上线 2 周，有超过 16 万人完成了自己的时光巡礼。活动上线 38 天，活动视频总生成量超过 28 万，搜索#时光巡礼#，微博共计有 145 万以上的话题讨论结果。微博个人首页顶部公告点击率达 0.3%，常规点击率为 0.05%，广告投放初期，广告曝光量超过 1 000 万。②

五、#时光巡礼#制胜法宝

（一）法宝一：互动平台

“Digital”已经不是“ing”的状态，而是进入了“ +”的时代，它前

---

① 孟丽君. 时光巡礼：一部发现真我的史诗 [J]. 现代广告，2012（15）：64 ~69.

② 范晓东. 微博创新营销案例分享：迈锐宝时光巡礼 [J]. 互联网周刊，2012（17）：52 ~53.

进的速度超出了人们的想象，我们还没来得及熟悉它，就已经把营销者、广告人卷入了风暴中心。

如果测算不同的数字化介质和平台的加速度的话，微博无疑是最好的选择。它让企业看到了前景广阔的新营销方式。微博让我们碎片化的时间得到了整合，我们也因此变得更“碎片化”。但不论怎样，微博目前都是互联网世界里最富速度感与活力的自媒体。由于微博具有高度的传播力、影响力、覆盖力、活跃度，自然地成为了新一轮营销的首选平台，所谓的“微博营销”也就顺势火热起来。

企业纷纷开通品牌官方微博，希望借助微博运营，拉近消费者与品牌的距离，实现真实、有效的互动，深化品牌内涵，塑造良好的品牌形象。企业的做法通常是在品牌页面中推广新产品，展开线上活动，表达对消费者的关怀，分享有趣的资讯，收集、反馈消费者的意见和建议，展示企业员工的工作生活等。但是这种微博营销方式漂浮在表面，微博、品牌、产品、体验、受众、情感没有真正地结合到一起。①

（二）法宝二：技术成就情感

迈锐宝的时光巡礼获得巨大的点击量，无疑是病毒式传播的一个典范，但是其巨大的口碑传播真正得益于强大的情感营销。在碎片化的微博虚拟世界里，人与人之间都是通过语义符号来传递信息，情感的表达相对单一。在虚拟网络社会，能打动人心的广告少之又少，时光巡礼正是运用了情感营销的以情动人的手段，让技术社会中的人们感受到了人性的温暖，做到让广告有了温度。

“与传统企业微博营销相比，迈锐宝将社交和互动应用相结合，以个人的微博史诗为话题点，以追求真我本色为品牌内涵，不着痕迹地巧妙植入。将华丽的技术、动人的情感、互动的乐趣相互交融，这是迈锐宝带给我们微博营销的惊喜之处。营销 4.0 在不久的将来会升级到 5.0、6.0……如何用技术成就情感？如何借新媒体之力实现小预算大轰动的效果？思考也必须马不停蹄。”

（三）法宝三：定制 + 互动的模式

这是一个 SO – LO – MO 的时代，互动、定制成为基本的网络行为模式。互动式的体验营销正迎合了数字时代人们热衷参与到活动中去、掌握

---

① 姜俊华. 微博营销新发展与研究［J］. 电子商务，2012（3）：41 ~ 42.

事件的主动权这一特性，迈锐宝准确把握了这种受众心理。时光巡礼不只是一个视频，更像是一个互动式的微电影，而微电影的主角正是大众。当受众成为传播的中心时，其本身就具有极大的吸引力、扩散力和价值。《成功营销》记者蒋潇琼评价："迈锐宝的目标受众主要为一二线城市的新生代年轻人，他们追求动感，强调个性兼具眼界与实力。在媒介接触特征方面，对互联网有很强的依赖，对科技、热点事件有较强的兴趣和参与度，而迈锐宝上市之际，正是社会化媒体盛行，新浪微博开始迈向商业化的时期，较之于传统营销的大投入、广撒网的特点，社会化媒体以其更强的互动性、更细分的受众以及更小的预算投入而成为广告主的新宠，此次，雪佛兰正是希望充分利用社会化媒体，用较小的预算撬动大规模的广告投放，从网络竞品投放中脱颖而出。"①

（四）法宝四：水乳交融的品牌植入

从品牌传播的角度看，这则时光巡礼微博应用直接晋级到了植入式广告4.0的阶段，很多企业一直在寻找如何使产品广告与剧情达到水乳交融的状态，企业文化、品牌理念如何植入才能不显得生硬，如何能让受众感受到这广告的气质就是这产品的气质？在前面的难题中提到了广告主取舍的问题，无疑迈锐宝是具有长远战略眼光的，也懂得什么才是好的广告。整个应用，当人们行走在时间隧道中时，没有受到任何产品信息的干扰，除了开篇驶入的迈锐宝、雪佛兰标志式的时间大门以及片尾心湖中央停着的那辆迈锐宝，整个过程没有浓重的商业气息，感受到的是一种心灵的震撼。那么这则产品广告的植入是失败的吗？答案显然是否定的。体验完整个过程，受众不仅记住了迈锐宝，也将迈锐宝的气质与体验应用时不能平复的情绪紧紧相连，迈锐宝最终成为"忠于自己内心"的代名词。

---

① 蒋潇琼. 小预算撬动大广告［J］. 成功营销，2012（10）：18～19.

【金鼠标网络营销大赛整合营销类金奖】

凤凰网跨媒体整合营销传播案例分析

——斯巴鲁《我行我路》

2011年上海车展，斯巴鲁宣布全新宣传主题“我行我路”，为配合新主题及新款车型的发布，斯巴鲁邀请了冯小刚、杨丽萍及跨界音乐家吴彤共同拍摄广告片，同时为广告特别制作了主题曲《我行我路》，以此表达斯巴鲁不断思索未来、自信前行的发展理念。斯巴鲁希望通过网络营销配合其上海车展新主题、新车型的发布，并通过创新营销手段展示斯巴鲁的品牌内涵，引发用户和潜在用户的关注和共鸣。与此同时，凤凰网也希望能够通过自己的跨媒体整合传播平台，帮助斯巴鲁深化表达“我行我路”的主题，帮助斯巴鲁在更多目标受众中建立代言人与品牌的关联，深化斯巴鲁品牌的品质形象。

为广告视频特别制作的主题曲《我行我路》，以天籁般悠扬渐近的曲调开头，吴彤用他醇厚的嗓音吟唱，如诉说岁月，似回忆旅途，行云流水般潺潺融进歌者、聆听者心里的歌词如下：不是风动也不是帆动，不在天涯也不在海角，当思绪绵延成了丝路，仁者心动，经过的山和看过的树，飘过的云，我走过的路，峰回路转豁然已开朗，乐者成歌，打开心窗身未动心已远，我行我路跟着梦想同步。

“仁者心动”、“乐者成歌”……歌词抑扬顿挫，曲调悠扬婉转、荡气回肠，恰如其分地诠释了斯巴鲁在发展的道路上不懈追求产品的高性能与品质，执着于给使用者带来非比寻常的乐趣、信赖感，以及自信前行的品牌精神。同时，斯巴鲁新广告片以艺术的形式传递了“我行我路”的内涵，即走自己的路，走出自己的风格。冯小刚是一个在影视界有自己风格和个性的导演，他在纸上描绘着一种场景、一种设想，在他的脑海中，总出现这样的画面：他开着斯巴鲁汽车沿着自己描绘的曲折“路线”来到了最终想要到达的地方，理想因斯巴鲁的存在而易于抵达。这就是冯小刚想表达的我行我路，走自己路线的精神。

图1　斯巴鲁《我行我路》广告片截图

一、传播策略：三管齐下

斯巴鲁“我行我路”的营销传播策略主要有以下三个方面：

（1）精编专题影片：该广告摆脱传统广告片形式，借用镜头语言传递广告主题与品牌精神，影片从不同视角展现斯巴鲁汽车的个性特征。同时，凤凰网利用凤凰集团内已有的独家访谈视频，精编人物深度专题片，通过影片深度解读代言人，展示斯巴鲁精神内涵，真正深化品牌概念。

（2）创新互动方式：与消费者互动是本次广告活动的一大亮点。斯巴鲁一改消费者被动接收信息的局面，运用网络技术资源，实现以凤凰网和手机凤凰网活动主题页面为核心的创新互动，同时围绕“我行我路”的传播主题展开，制作手机铃声、主题墙纸等周边元素，以便覆盖更多目标受众，并引发二次关注与传播。

（3）凤凰整合传播：电视、报刊、网络、手机等传播手段的齐聚亮相成为这次宣传活动的又一大亮点。活动借助凤凰传媒集团内多元平台实现该活动项目的跨平台整合传播，最大化扩展传播外延，增加活动传播广度和深度，不仅让消费者认识了品牌，也让消费者感受到了品牌的内在精神。

二、媒体表现及效果

（一）广告运行需要有吸引人眼球的媒体表现形式

（1）动感创新的活动主页：该项目以斯巴鲁活动 Minisite 为主要平台，通过页面 Flash 动态效果向用户呈现沿路面前进的视觉感受，让网友直观感受在路上驾车驰骋，前方的道路虽然曲折，但拥有斯巴鲁的你不会感到一丝不安，汽车的高性能在画面中展现得淋漓尽致。页面中提供了相关的音乐、视频展示，同时提供了与汽车广告相关的彩铃、壁纸下载，这样增加了传播外延，提高了传播效果。

图2　斯巴鲁主题活动页面

（图片来源：网赢天下网）

（2）精致代言人的微视频：选择精致代言人代言斯巴鲁汽车，主要目的是使品牌精神通过人的内在气质展现出来，赋予品牌生命气息。冯小刚、杨丽萍和吴彤分别是影视界、舞蹈界、音乐界名人，他们都是极具个性、风格鲜明的艺术家，选择他们展现品牌内涵，更能传递出斯巴鲁汽车在汽车领域的独特性。同时，以凤凰卫视及凤凰网独有的大量珍贵视频为基础素材，凤凰网在原视频基础上加入独家解读内容，最终制作了两段各3至4分钟的微视频，通过视频传播深度展现了斯巴鲁“我行我路”的品牌内涵。

（3）多屏互动传播：该活动除在凤凰网进行了强势推广外，还在手机凤凰网、《凤凰周刊》等平台进行了创新互动传播，使新旧媒体资源得到最大限度的整合与互补。活动通过手机凤凰网的 Wapsite 同步呈现；《凤凰周刊》也以“我行我路”为主题，撰写了专题文章解读斯巴鲁代言人及品牌理念。读者通过用手机拍摄周刊上的二维码便可以进入手机凤凰网“我行我路”订制专题。创新形式的二维码互动体验扩展了活动的传播范围，增加了活动的参与性和趣味性。多屏互动传播打破传统单一被动的传播形式，关注消费者的感受与体验，最大限度地增加了与消费者的接触。

（二）广告执行需要创意独特的效果呈现方式

从广告曝光效果看，本次广告总点击为319 215，专题总曝光量为118 632，可见斯巴鲁“我行我路”专题得到了有效曝光；CPC 相对较低，为0. 34

元，整体表现较好①。

从广告量化效果看：①本次投放不但产生了大量的广告点击，而且为斯巴鲁汽车带来了和目标受众深度接触的机会，让受众全面而深入地认识斯巴鲁；② Mp3、斯巴鲁主题壁纸等活动周边产品的下载，流动式广告的不间断呈现，在原有的宣传效果上，更为其带来了品牌的二次传播。

图 3　“我行我路”壁纸下载
（图片来源：网赢天下网）

从广告质化效果看：①本次传播巧妙借助媒体独家内容资源，深度解读代言人，真正深化了斯巴鲁的品牌理念与精神；②本次传播以创新形式联动，实现真正意义上的网络、平面等多媒体覆盖传播；③此次宣传活动借助多元化衍生品增加创意互动，让目标受众从各方位感受斯巴鲁的品牌影响；④通过新颖的界面展现和互动活动，有效地引起了目标受众的兴趣，激发他们自发参与到这一传播链条之中。

三、凤凰网跨媒体整合营销传播势在必行

跨媒体传播是媒介市场发展的结果。凤凰网携手斯巴鲁，使广告信息在不同媒体领域之间交叉传播与整合，达到媒体之间的互动与协调。面对日趋多样化的消费者市场，企业利用跨媒体进行整合营销的方式势在必行，面对庞大的媒介群，整合传播的需求成为了企业的重头戏。此案例通过手机 Wapsite、二维码互动、杂志报道等多种形式与应用实现规模覆盖，

---

① 方立军. 金鼠标·网络营销大赛集锦 [G]. 北京：金鼠标·网络营销大赛委员会，2012.

满足了不同消费者的市场需求，并充分地实现了凤凰卫视、凤凰新媒体和《凤凰周刊》三种典型媒介平台的整合，成功地实现了跨媒体的整合传播。

图 4　《凤凰周刊》、手机凤凰网整合传播

（图片来源：网赢天下网）

（一）消费者——凤凰网跨媒体整合营销传播的关键词

唐·舒尔茨认为：“整合营销传播应代表一个更广泛的概念，即利用一切公司和品牌能接触到的信息源去吸引消费者。”② 在跨媒体整合传播时代，消费者成为了关键词。

首先，凤凰网打破原有的单一传播方式，运用一切接触手段让消费者了解斯巴鲁汽车品牌。凤凰卫视、《凤凰周刊》、凤凰网络平台以及手机等新旧媒体的综合运用与整合成功地将斯巴鲁汽车展现在消费者面前，与原有的宣传方式相比，它把与消费者的接触面最大化，通过不同途径与消费者碰面，深化了品牌印象，进一步宣传了品牌与企业文化。

其次，每一个企业都拥有自己的现有顾客和潜在顾客，斯巴鲁汽车同样如此。凤凰网从斯巴鲁汽车的现有和潜在客户出发，了解他们的主要购买兴趣，以及影响他们购买行为的关键因素，赋予广告与之匹配的情感与个性，并探究其接触方式与消费形式，通过跨媒体平台，以品牌沟通者身份，根据反馈情况选择开展劝说沟通的最恰当、最有效的方法。让消费者与品牌之间建立感情，通过各种传播途径加以刺激和深化。

最后，凤凰网进行跨媒体整合传播的目的在于影响受众的行为，不仅仅增强他们对斯巴鲁这一品牌的认知或改善他们对品牌的态度，更借助有

② ［美］唐·舒尔茨．新整合营销［M］．吴磊译．北京：中国水利水电出版社，2004．

效的沟通途径去鼓励某种行为反应。品牌意向①在认知与情感的基础上建立起来，它是促使消费者行动的关键因素，通过跨媒体整合平台，品牌意向更容易被塑造并藏于大脑潜意识之中，增加了呼应品牌与购买产品的机会。

广告借用凤凰网跨媒体整合平台，进一步促进了消费者与斯巴鲁品牌关系的建立。消费者通过对品牌由浅入深，即认知、情感与意动三个阶段与品牌建立持续稳固的联系。通过挖掘消费者的行为特征，实现消费市场的细化，针对不同消费者采用不同的宣传路径，进行跨媒体整合营销传播。借助整合平台，使信息在第一时间得到共享，大大提高了品牌的影响力，从而进一步影响消费者行为。

（二）广告策略与凤凰网跨媒体整合营销传播的有机结合

在跨媒体整合营销传播的大背景下，广告策略相较以前有了很大的转变。以斯巴鲁《我行我路》广告为例，凤凰网进行了多方面的策略调整：内容层面，由原有的单一表现形式发展到影片、主题曲、主题壁纸等多种形式；路径方面，由原有的传统媒体传播扩展到新旧媒体的交叉互动，路径逐步多样化；定位层面，由原有的企业、产品为先转变为“消费者为王”，制定以消费者为核心的广告策略。

具体表现：首先是专题影片、主题曲的制作，凤凰网利用凤凰集团内独有的访谈视频，为斯巴鲁汽车量身定制深度专题片，利用简单易懂的影像阐释斯巴鲁的精神内涵；其次是进一步打通互动渠道，整合网络技术资源，实现凤凰网和手机凤凰活动主题页面的交叉与互动，极大地吸引了消费者的注意力，激发了用户的参与，进而扩大了品牌的影响力；再次是围绕斯巴鲁“我行我路”的宣传主题开展了一系列活动，例如制作手机铃声、主题壁纸设计等，对品牌进行了再一次的传播与深化；最后则是凤凰传媒集团的整合传播，其多元化平台实现了该活动项目的跨平台整合传播，扩大了活动的规模与宣传效果。

在营销战略中，首先需要解决的问题是怎样让消费者知道产品，然后才是如何吸引消费者购买产品的问题。所以，消费者的需求成为广告策略的关键所在。凤凰网的广告策略就是首先满足了顾客的需求，它的制定以整合营销传播为基础，而不再延续推销方式，抛弃了以产品为中心的广告

---

① 刘扬．浅谈广告对消费者的影响力与品牌传播［J］．企业家天地（理论版），2007（5）：26～27.

策略，把消费者作为出发点来思考。总之，在整合营销传播战略中有相应的广告策略与之匹配，时刻影响着广告发展的方向。

四、有机遇，同样有挑战

随着互联网、手机等新媒体成为品牌信息沟通的平台，跨媒体整合传播逐渐发挥它强大的优势，在信息传播时代起到了举足轻重的作用。它具有跨时空性、跨媒体性、交互性和经济性等特点①。案例中的凤凰网就是借助其自身的跨媒体整合平台，将斯巴鲁汽车“我行我路”的新主题更快、更广、更深地加以推广和传播。但是，跨媒体整合营销传播的未来，依旧充满了挑战，这就需要我们紧跟时代步伐，结合自身客观现状，采取合理方式、方法去应对、去克服。

挑战一：营销传播的结果要建立在行为基础上。

行为促成行动，行动促成业绩。在当下大多数情况下，我们往往通过对品牌意识、认同等标准来评估营销传播的效果，但是消费者的感觉并不代表行为，我们必须从行为模式上去衡量实际效果。凤凰网将斯巴鲁汽车广告投放到报刊、电视、网络和手机等多个平台，虽然营销人员都知道要将信息全部传递出去，但最终有多少人接收到信息，他们就不是很清楚了。所以，企业要想得到稳定的成效，必须要淘汰信息曝光率这一简单指标，要使广泛的媒体形式与消费者的行为联系起来。

挑战二：传播巨网可能造成巨大的浪费。

虽然，凤凰网运用新旧媒体展现斯巴鲁汽车品牌精神的方式被大多数投资企业看好，但是每个企业有自身的特色和客户群，在进行品牌宣传时，要善于运用客户互动平台，了解他们的接触途径与购买影响因素，准确锁定目标客户群，选择最佳传播方式，在跨媒体整合传播的大前提下，有重点、有方向地进行有效传播。

挑战三：产品与服务不能滞后。

在跨媒体整合营销传播时代，品牌已不仅仅只是一个产品名称，品牌传播也由原来的单一策略活动转变为组织策略活动。为了维持竞争优势，营销人员越来越依赖品牌和品牌传播。但是，技术的进步却降低了组织在产品和服务上的创新能力。如果质量与服务跟不上，途径再多样，内容再

---

① 张译丹. 整合营销传播对消费者行为的影响——以广告和网络营销为例［J］. 现代营销（学苑版），2012（1）：57.

完美，也都是浮夸的外壳，一击便碎。因此，斯巴鲁汽车在借用凤凰集团各种平台宣传品牌时，也要从自身做起，在传承品牌文化的同时，也要经得起消费者的考验，让质量和服务成为购买的第一因素。

凤凰网携手斯巴鲁进行了全方位的跨媒体整合营销传播，它利用网络广告并借助 Minisite 实现了访谈视频传播价值、Flash 互动传播感受、壁纸铃声传播体验，此外还通过手机 Wapsite、二维码互动、杂志报道等多种形式与应用实现规模覆盖，比较充分地实现了凤凰卫视、凤凰新媒体和《凤凰周刊》三种典型媒介平台的整合，与此同时，与斯巴鲁“主观且单向”拍摄与投放的代言人广告不同，代言人物在非广告环境下体现的文化价值和人文精神，最能够诠释品牌的内涵。互帮国际（Counect）执行副总裁马旗戟曾评价道：“《我行我路》的亮点在于不是广告片在告诉消费者‘斯巴鲁是我行我路’，而是消费者认为‘斯巴鲁在我行我路’，凤凰巧妙整合了代言人和用户的品质符号，并转化成斯巴鲁的品牌资产，这种社会化形成的社会资产及后续传播便是网络整合营销的追求。”

公 益 类

【黄河奖金奖】

公益广告《隔离的键盘》：别让键盘，把亲情隔离

信息时代的到来使我们的世界越来越小，跨地域的交流越来越便利。科技带来了惊喜，也悄无声息地改变着我们的生活方式，然而有一种情景没有人愿意看到：科技成为家人亲情的离间者。公益广告《隔离的键盘》将这个奇怪却又普遍的现象呈现在人们面前，呼吁人们停止电脑和互联网的过度使用，放下键盘，回归真实温暖的家庭。

一、"键盘"的由来

2012年6月8日，"CCTV电视公益广告全球征集活动"发布仪式在北京798艺术区悦·美术馆举行。这一活动旨在通过向各个机构与个人征集优秀的公益广告创意与成片，以建立全民参与公益广告创作的长效机制，国家级媒体倡行公益理念，借助优秀的公益广告呼吁社会文明，引导社会风尚。

电视公益广告片《隔离的键盘》在这次电视公益广告征集活动中进入大众视线。《隔离的键盘》的创意源于"别让键盘把你和家人隔离"，它出自年轻的创意人熊超之手。当科技逐渐成为我们生活中不可缺少的得力助手或为我们提供多种多样的娱乐方式的时候，我们与电脑、互联网的关系也越来越密切，甚至在很多时候不是我们占有了它们，而是它们占有了我们。电脑和互联网越来越多地占用了我们原本该和家人一起度过的时间，键盘使我们和家人间的距离越来越远。《隔离的键盘》便是为了表现生活中的这一细节而创造的。这个公益广告片的原型是名为"隔离的键盘"的装置艺术设计，片子的主要内容记叙了它的创意、制作以及实施过程。

热爱家园组织（Grassroots Community），即于2000年成立的上海市闸北区热爱家园青年社区志愿者协会，是一个志愿者自发组织、依法登记注

册的民间社会团体，致力于社区建设和家庭关怀。通过志愿者活动为社区普通居民尤其是弱势群体提供法律、环保、教育等志愿服务，帮助构建美好幸福的家庭和和谐的社会。中国有五亿多网民，网络沉迷成为了一个日益凸显的问题，热爱家园组织希望以此为切入点，呼吁家人情感的回归。

“隔离的键盘”装置艺术是DDB上海为热爱家园组织打造的一个公益广告，它获得了2012 ADFEST户外类全场大奖、2012年中国公益广告黄河奖金奖、2012中国4A创意金印奖全场大奖、2012 Spikes Asia银奖以及2012纽约广告节银奖。它通过人偶、相互分离的玻璃罐以及键盘似的造型，将家庭成员、淡漠的亲情与电脑的过度使用三个元素结合起来。“隔离的键盘”自创始之初在各种公共场所大量展出后，吸引了众多媒体的报道，受邀参加了2011年11月12日上海证大艺术举办的“延时艺术展”和2012年6月在北京798艺术中心由CCTV举办的公益展，引发了巨大的社会讨论，并被全球知名酒店INDIGO（英迪格）收藏并展览。2012年6月，以这一装置艺术为蓝本制作的公益广告片《隔离的键盘》参与中央电视台电视公益广告的征集活动，它带给人们关于维系家庭与亲情的警示引起了更多的关注，接触并影响到更广泛的人群，带来更加深入的社会思考。

这正是公益广告的力量，它探索生活中的每一个细节，找到那些带来破坏和灾难的东西并展示给人们看，作为警示。在这一案例中，“隔离”的话题以一种十分巧妙的方式表现出来，给人以心灵的触动，从而使人们正视并且尝试着努力缓解或消除已经出现的危机。

二、作品的诞生

（一）装置艺术，互动创意呼唤心灵感应

"隔离的键盘"的社会议题选取自热爱家园组织，鉴于我们正处在信息化时代，网络沟通非常发达，人们在工作和生活中与网络的关系越来越密切，与家人的关系反而越来越疏远。对网络的迷恋减少了人们与家人的沟通和互动，这一生活细节正日益变成一个无法摆脱的困扰。热爱家园组织希望借由一个简单的宣传活动呼吁人们正视这个现象，并且避免因过度上网而失去了家人间真实的联系①。

DDB 上海的创意团队将这个议题进行演化，发现在真实的世界中，"隔离"出现在过度的电脑使用者和他们的家人之间。"隔离"同时也反映出电脑键盘上每一个按键与其他按键的关系，创意由此而生。正如 DDB 创意总监狄运昌所说，创意的力量藏在每一个细节中。

中国有五亿多网民，受到"隔离"问题困扰的家庭不在少数，在采访了许多因为电脑的过度使用而亲情淡漠的家庭并记录了他们真实的生活困境以后，DDB 创意团队选取了 35 个家庭中的 116 个人物形象，请雕塑师将这些人物使用电脑的情景根据一张张照片雕刻成高约 9 厘米的立体雕塑。这些栩栩如生的塑像，重现了每一个人在使用电脑时的神态与动作。这些人物雕塑被分别放进一个个长短不一的透明玻璃罐中，并盖上盖子。这些玻璃罐是由 DDB 的创意人员联系厂家为这个艺术装置按照所需要的比例特制并且修整成形的，而玻璃罐的大小比例则要与键盘上的每一个按键的比例一致，以实现整体形象为一个完整的电脑键盘的创意。

接下来，创意人员将装置摆放在上海百脑汇门前，这个装置是一个长约 5 米的巨大键盘，共有呈阶梯状的七层，每层高约 10 厘米，在一至六层按照和计算机键盘相同的布置，按照一定的比例摆放内装有人物雕塑的密封玻璃罐，使之形成一个巨大的键盘造型。神情和姿态各异的人物雕塑在他们自己的玻璃罐子里有序地错落排列在这个巨大的键盘上，彼此分离。在这一场展示中，他们与键盘融为一体，却与爱他们的家人相互分离，旁观者可以透过整个装置看到雕塑中的每一个人的形态，但他们却无法看到彼此，隔离他们的是冷冰冰的玻璃，也是整个键盘的结构。"隔离的键盘"利用比喻和象征的艺术表现手法引起了强大的视觉冲击。

装置艺术"隔离的键盘"在上海百脑汇的展览取得了巨大的成功，创作团队又将展览的地点扩展到广场、地铁站、酒店等地，并受邀参加艺术

---

① 林莹．创意的力量藏在每一细节中——对话 DDB 中国首席创意执行官 Micheal Dee（狄运昌）［J］．中国广告，2012（9）：49.

展，希望将这一公益理念传递给更多的人。在展览执行的几个月中，约有180万人参观了这个装置，在这些观众当中有89%表示他们愿意减少使用互联网的时间，而把更多的时间留给家人。超过500家电视台、杂志、报纸等媒体对展览进行了报道，一个社会性话题以及和它相关的社会讨论由此产生，新浪微博转发量高达35 700次，获得了8 000多条评论。在参加的2012年中央电视台电视公益广告的征集活动中，《隔离的键盘》更是取得了巨大的成功，它在北京798艺术区悦·美术馆的展出使参观者纷纷驻足，并吸引了众多的媒体报道，引起了巨大的社会反响。“隔离的键盘”现在被全球知名酒店INDIGO（英迪格）收藏并展览。

（二）电视公益广告片，大众传播创造社会话题

电视公益广告片《隔离的键盘》诞生了。时长3分40秒，它以字幕介绍和视频片段相结合的方式，讲述方案实施的每一个步骤，记录了整个创意产生与执行的过程以及受众观看的反应和它引起的社会影响。并且将无法在装置中表现的了解受访家庭的过程一同展现出来。

短片首先介绍了这个创意的背景——中国网民多达五亿，许多人沉迷网络而与家人疏远。随后提出了整个创意的核心信息“人手一键盘，亲情被隔离”。在女声哼唱的背景音乐声中，画面在城市居民楼的灯光、一双双使用计算机键盘的手、与宠物相伴或是独自一人吃晚饭的母亲中交替，以三个家庭的生活场景诉说他们面临的困惑。在同一个屋檐下的一家人没有交流，分散在房屋的不同角落，每个人都在独自进行着手中的工作。

短片的第42秒开始，介绍方案的第二个步骤，根据照片制作用于重现电脑使用情境的雕塑。通过不断切换的画面表现雕塑人员的工作场景，并展示最终的雕塑效果。

短片的第100秒开始第三个步骤，将人物雕塑放入玻璃罐内，人物与人物就此被隔离；从第145秒开始，装有人物雕塑的玻璃罐被排列成键盘的造型，每一个人都有一个与家人隔离的故事，在表现整个装置造型的时候，镜头选择将一部分玻璃罐进行特写，使这些玻璃罐中人物雕塑的表情和动作能够更清晰地被观察到，在特写转换的过程中有敲击键盘的音效出现，更强化了键盘将人隔离这一概念；从第170秒开始，短片表现了装置在各个公共场所展出的情景以及取得的成果；在短片的最后，出现这个公益广告的主题——别让键盘把你和家人隔离。

短片以黑白模式表现，片子很短，但在不停地敲打着人心。每一个镜头都显现出人的孤独，诉说亲情的淡漠给当事人带来的失望和无奈。一位母亲说："每天下班回家，他们两个一人一个电脑，我只能跟狗狗玩。"一个孩子说："我过生日，爸爸不理我，只知道玩电脑。"出现的还有抱怨妻子在家里只是上网的丈夫和那个把脸贴在窗外看着敲键盘的爸爸的小女孩。每个人的故事都不仅仅只是他自己，而是多多少少带着观看短片的人的影子。在整个短片出现文字说明的过程中，始终有敲击键盘的声音作为配镜音效，字幕也以打字机的形式出现，在表现上使受众对于"键盘"的体验更为直观和深刻。

《隔离的键盘》创意设计者熊超在接受中央电视台采访时，对作品的创意进行了说明："其实我并没有固定关注某一类的题材，而是我觉得一个创意人应该有像一个艺术家一样的情怀，悲天悯人，去观察这个世界，观察我们生活中的人们，去帮助他们。我觉得公益广告重要的是你是不是能够打动人们的心灵，好的公益广告也许是用一个很小的话题，但是它能够打动人们的心，引爆一个巨大的社会话题。这个世界面临着贫穷、饥饿、战争、和平，还有环保的问题，这些问题迫使我们这些创意人真的去关心这个世界。而有意义有创意的公益广告，我相信它会改变人们的心，改变人们的意识，改变人们的行为。"

DDB创意总监狄运昌对于熊超在这个作品中的表现给予了赞赏，生活细微之处带给创意人员的灵感，创作人员对每一个细节的处理和把握，包括他们以充沛的热情克服各式各样艰难的挑战，都促成他们做出一件真正有意义、有灵魂的创意作品，正是他们的心血才让这样一件作品能够完美地呈现。

"隔离的键盘"装置艺术无疑是一件完美地结合了社会话题与表现艺术的公益作品。公益广告片《隔离的键盘》通过电视这样一种大众传播媒介，继续扩大了它的影响力，去触动更多人的心灵，化解更多的矛盾，实现它真正意义上的社会性。

三、话题的重现

（一）公益广告的内容审美

1. 公益话题的选取与意义的构建

公益广告是为社会公众制作发布的，不以营利为目的。它通过某种观念的传达，呼吁关注社会性问题，以合乎社会公益的准则去规范自己的行为，支持或倡导某种社会事业和社会风尚，旨在为公益事业和公众利益提供服务。它常常用来提示或指出一种社会问题，以求获得关注和改善，并推动社会道德观念和行为规范的提升。公益广告有四个最基本的特征：社会性，即关注人们普遍关心的社会问题；公益性，即围绕公众利益开展宣传；非营利性，即不以营利为目的；通俗性，即内容和形式平易近人，通俗易懂。①

公益广告的主题应该带有社会性，对生活在这个社会中的大多数甚至每一个人都具有不同程度的意义。它在某一段时间内是我们共同面临的问题，它发生在我们的身边，每一天的生活中，也许已经成为我们的困扰，也许并不引人注意，却会成为一颗定时炸弹。当然，公益广告也会关注生活中美好的事物，宣传并且鼓励大家将它作为行为的规范。就像从前我们在公益广告中讨论环境保护、能源节约、尊重劳动等问题，已经成为社会的共识。正如创作者熊超所说，创意人应该真正地关心这个世界，有悲天悯人的情怀。

《隔离的键盘》将焦点放在因过度使用电脑导致亲情淡漠的话题上，这是一个具有社会意义的普遍问题，几乎每一个人都深有体会，因此它能够走进人心，引起共鸣。互联网进入我国以来，发展十分迅速，近年来我国网民的队伍也在不断壮大，网络信息纷繁复杂，信息获取变得异常便

① 潘泽宏. 公益广告导论［M］. 北京：中国广播电视出版社，2001. 38～45.

捷，各种应用“乱花渐欲迷人眼”。我们的生活通过互联网而变得方便、多元，世界也似乎被网络消除了边界，我们通过计算机技术实现了无数种不曾设想的可能。计算机技术和互联网以及日新月异的移动通信技术在我们生活中扮演着越来越重要的角色。热爱家园组织在关注焦点的进程中发现了问题。电脑是我们的工具或我们是电脑的奴隶？当我们独自沉浸在网络的交流中时，我们身边在发生什么？我们的家人在做什么？他们有什么感觉？之所以它会成为引起共鸣的话题，是因为当我们放下键盘仔细思考的时候，会发现这真的是我们从来不曾注意到的细节，因为电脑和网络掳去了我们太多的注意力。这种填补和陪伴却让生活空虚，也让我们与家人的感情变得淡漠。“隔离的键盘”提醒我们反思，警示危险的电脑使用者，不要与键盘融为一体，与家人相互隔离。

当这些公益广告呈现在受众面前并且不停地敲击他们心灵的时候，提出的问题也一起引起了他们的思考，这就是我们通过公益广告获得的机会，让世界变得更美好的机会。

2. 公益广告树立积极的情感

“善”是公益广告的灵魂，是它的出发点和归宿①。公益广告为提升社会道德水平服务，它提倡一种积极正面的情感。社会公德涉及人们生活的方方面面，个人的衣、食、住、行，个人的人际交往乃至与自然和环境的相处方式。每一个公益广告都从一个特定的角度出发，指出我们面临的问题，并提供一种积极的处理方式或宣传正面的情感。它们说，要保护环境，我们需要碧水蓝天；要节约资源，为了我们的子子孙孙；要互帮互助，让社会充满温暖；要遵守职业道德和家庭美德……这些声音鼓励我们为社会的和谐和生活的美好共同努力，鞭挞社会中的丑恶，用明示或暗示的方式告诉人们需要怎样做，以及我们将会拥有什么。

《隔离的键盘》选取了家庭美德中的一个点，用一种暗示的方式向人们提示亲情与关怀。当我们沉浸在信息时代带给我们的丰富多彩与便捷的时候，不应该忘记等待与我们共享美好时光的家人，他们正在真实的世界中，孤独而担忧，因为与我们中间横着电脑的显示器而孤独，并担忧家人间的距离会越来越远。然而提示问题不是该广告的唯一目的，作为一个公益广告，《隔离的键盘》也在积极地寻找化解矛盾的方式，广告结尾的文案“别让键盘把你和家人隔离”起到了画龙点睛的作用。

---

① 潘泽宏. 公益广告导论［M］. 北京：中国广播电视出版社，2001. 12.

（二）公益广告的形式审美

1. 公益广告通过形式的美感获得关注

创意与美感指导创作的主题和表现策略，也决定作品的细节处理。一个富有美感的广告一方面需要了解广告目标群体的审美需求和他们审美的心理特点，以便能够选择最佳的表现形式；另一方面要了解目标群体的生活经历和理解水平，使他们能够理解广告中的符号所代表的含义。将正确的信息通过恰当的途径以合理的方式传递给相应的人，才能使受众感受到相应的美感。而只有使受众感受到作品的美感，才能获得他们的关注，从而产生想得到更多信息的欲望。

“隔离的键盘”的美感体现在它的创意构思以及每一个细节的处理之中。创意的美感由创作者对目标群体心理的分析产生。作品希望使那些过度的电脑使用者和互联网用户受到感染，因此需要从他们的心理状况出发。这一人群集中在青少年和中年，大部分有一定的文化背景，对枯燥的说教很反感。“隔离的键盘”另辟蹊径，不是在抽象的问题中钻牛角尖，而是寻找能够使问题具体化的特征物体，于是从主题的关键词“键盘”出发，延伸创意。抽象问题具体化，细化说服的角度，也使主题更加容易走进人的心中。具有美感的创意在一瞬间便能够抓住受众的心，“隔离的键盘”以它形式的美感吸引了路人的围观。在美感的表现中，“隔离的键盘”装置艺术部分和电视公益广告片部分各有千秋。

装置艺术也称环境艺术，是一种兴起于20世纪70年代的西方当代艺术类型，在一定程度上根源于较早一些的观念艺术和波普艺术。装置艺术家在特定的空间内，对混合类型的材料进行艺术性的有效选择、利用、改造、组合，以令其演绎出新的展示个体或群体丰富的精神文化意蕴的艺术形态。它为观看者创造一个独立的空间，使其视听不受干扰；它存在于一个特定的三维空间中，达到主题、材料与空间的融合；观看者的生活经验与装置艺术的表现内容以及表现方式有着极大的关系，它要求观看者能够将视觉、嗅觉、听觉、触觉等一系列感官感觉内化为内在的心灵感受①。装置艺术的感染力和艺术家通过作品散发的魅力由此得以实现。

在“隔离的键盘”这个作品的创作过程中，其形式美体现在创作人员对每一个细节的处理以及整体布局的完美呈现中。键盘的象征清晰明了，材质的选择恰到好处。在人物雕塑的制作方面，雕塑师将每一个人物对比

---

① 吴诗中. 信息时代的展示与环境设计［M］. 广州：岭南美术出版社，2007. 58～65.

其生活照片，把他们的动作神态刻画得栩栩如生；在键盘整体形象方面，它呈阶梯状排布，从上到下依次有七级台阶，能够将每一层中模型展示出来且互不遮挡，而玻璃罐也是为了呈现出一个完整清晰的键盘形象而特别设置了尺寸，由工厂专门制造，其圆角的造型也专门为提供视觉美感而设定；在材料的选择方面，陶土在形态模拟以及色彩表现方面可圈可点，作为象征“隔离”的罐子，选用玻璃材质，传递出一种冷冰冰的、看得见摸不着的感觉，与作品的主题相呼应。这些方面都体现出了主题与展示材料以及所创造出的空间的结合。

电视公益广告片中，形式审美主要体现在它的画面、音响、文案等方面①。而在这一个广告中，画面的色彩和音响的处理尤为精彩。整个片子中采用了冷色调的单色模式，用黑、白、灰来表现每一个家庭生活的片段。色彩带有一定的情感意味，利用带有寒冷、沉重、空虚、沉闷感情的色彩能够在观看者与广告接触的瞬间展现视觉张力，引起他们的兴趣。音响诉诸人的听觉，在片中，背景音乐的选取恰到好处，乐曲平缓并带有一丝凄凉，与所表现的家人疏远的场景符合，体现出音画配合整齐一律的形式美感。配合字幕出现的音响效果，键盘的敲击声为背景音乐和字幕的呈现过程增添了节奏韵律，也能够吸引观看者的注意力。此外，大量短镜头的应用带来了视觉上的冲击，镜头画面远景、中景、近景、特写的配合使用，丰富了表现层次，使短片更具有观赏性。

2. 公益广告通过平等的交流表现号召力

公益广告的目的是树立道德表率，呼吁共同的社会价值。部分商业广告只是以信息的传达为目的，为其产品和品牌的知名度服务，公益广告则不同，只要求受众“知晓”的公益广告无疑是失败的，它要使出浑身解数去感染他们。当一个公益广告真正走进受众心里的时候，说服他们改变了态度或行为，广告才有价值和意义。

无论是装置艺术部分还是电视公益广告片部分，“隔离的键盘”这个作品都有极强的感染力和号召力。它的号召力和感染力源于对生活的观察，对现象本质的思考，对诉求对象心理的了解以及对表现形式的把握等方面。相互隔离的冷冰冰的玻璃罐中亲人熟悉的动作和笑容，让观看者经历从理解内容到反思到得出结论的心理过程。这一过程看似复杂，但基于对受众心理的分析，它也是一个完整的与受众平等交流的过程。通过这样

---

① 张印平，马持节．电视广告创意与制作［M］．广州：暨南大学出版社，2009. 41 ~ 53.

层层处理，一个问题（电脑过度使用使亲情淡漠）被由内到外包裹起来，自然地出现在受众眼前，然后由观看者自己进行层层解读，他们由好奇到理解到思考到认同，通过这样的交流，它成功感染了观看者，并号召他们加入维系家庭与亲情的队伍中来。在这一案例中，装置艺术和电视公益广告片的交流方式并不相同，下面分别对这两种广告形式进行分析。

装置艺术以一种符号化的语言完成与受众的交流。它通过与环境相互配合形成一定的空间使受众沉浸其中，在这一过程中完成从感官到心灵的交流。它的语义藏在展品的背后，对话通过与受众的互动过程来实现。在这个案例中，第一步是获取注意，装置以熟悉的形象作为开启受众心门的钥匙，这种形象既包括他们每天接触的键盘造型，也包括生活在他们身边熟悉的人群。接下来需要引起受众的好奇，每一个雕塑代表了什么？他们之间形成的关系有什么奥秘？观看者在对装置的仔细观察中便会发现答案。之后受众便会自行完成情感交流，用自己的生活经历思考作品的主题。整个交流的过程是无声的，却以各种符号依次与受众完成交流。雕塑、玻璃罐以及整个装置，都是交流的语言，它们艺术表现的号召力使受众主动完成了交流的过程。

电视公益广告采用了文案与画面交替出现的方式，将感性诉求与理性诉求相结合。在表现中，《隔离的键盘》将几个元素作为与观众沟通的语言，将主题与内涵准确地传达出来。其一是色调，在色调的选择上，画面采用冷色调的单色，为整个作品渲染出压抑、沉闷、冷漠的氛围，显现出没有关怀的灰蒙蒙的世界，以色彩心理独有的方式与受众交流情感。其二是镜头，全片采用短镜头，使叙述更紧凑，在这种紧张氛围中将作品希望表现出的被忽略的家庭成员的孤独与不安传递出来，与受众进行精神状态的交流，同时，在镜头的使用上，片中利用不同的情景表现不同的生活片段，以此作为支撑这种交流的依据，强化情感与精神冲击的效果。其三是音响，音乐是最好的交流语言之一，它能直接触动人最深层次的感情，在片中除了用舒缓低沉的背景音乐为受众营造一种气氛之外，敲击键盘的音效也发挥了重要的作用，它作为一种象征出现，与创作中具象的主题“键盘”相呼应，受众的心里想法也随着键盘的敲击越来越接近广告表现的主题。最后是文案，文案将整个事件串联起来，将事情的来龙去脉清晰阐述，与受众进行直接的交流，消除了因经历与思维不同而产生的理解偏差。所有的观看者在这一过程中都能走向一个共同的主题，即这个作品希望传递给我们的信息：别让键盘把你和家人隔离。

综上所述，《隔离的键盘》这一作品，无论是其装置艺术还是电视公益广告，在表现形式方面都有很好的创意和美感，整体规划合理，细节处理到位，利用多种语言符号和受众进行了感官、情绪和心理的多层次沟通，有效地传递出它的主题。在主题选取方面，它聚焦电脑的过度使用使亲情疏离这一社会现实，引发人们思考，形成一个社会话题，对于我们美好、幸福家庭的构建具有重要的警示意义。

【时报华文广告金像奖】

公益传播：营销传播新起点

——百度：2012 环保创意活动

数字时代，互联网公司凭借自己的媒体平台和广泛的用户基础进行传播活动已成为一种普遍而有效的做法。近年来互联网企业将绿色的公益理念植入到企业品牌当中，借助网络平台，通过挖掘用户数据，针对用户进行有效的产品和品牌宣传，树立形象。公益传播俨然成为当下最火热的营销传播主题之一。

百度作为全球最大的中文搜索引擎，近年来持续加大通过公益倡议来引导公众行为的力度，在做好企业经营的同时，对企业的责任付诸实际行动。

一、创新营销传播

在《2009—2011 百度企业社会责任报告》中，百度总结了近年来所做的公益活动，提出“让公益触手可及”的口号。

根据《2009—2011 百度企业社会责任报告》，截至 2011 年 12 月，百度“阳光行动”打击虚假网页 2 690 万个、消除涉及虚假站点超过 230 万个。百度“蒲公英计划”已经让超过 500 名教师受益，“百度小桔灯”已经让中国 30 万贫困儿童受益。百度实现了闪存设备在网页搜索服务上的大规模集群式应用，是全球首家告别硬盘的互联网公司，每年节电 4 030 万度。百度大厦采用先进的排水系统，每年可节水 1 200 万升。百度秉承“弥合信息鸿沟，共享知识社会”的社会责任观，致力于成为用户值得信赖的伙伴、客户的得力助手、联盟伙伴的强大后盾、员工实现自我价值的大家庭。百度始终坚持“诚信、正直、协作、共赢”的企业信条，引领互联网行业的可持续发展。

2010 年和 2011 年，百度连续两年与世界自然基金会（WWF）合作，协助推广“地球一小时”活动，倡导更多网友关注气候变化问题。2011 年 5 月，百度百科与气候组织（The Climate Group）的“百万森林”项目合作，发起了“百万奇迹”活动，通过线上答题、线下种树的方式将网友的知识经验与绿色环保相结合。2009 年到 2011 年间，百度在灾害发生后，利用其搜索技术优势，提供捐款信息通道，并对各类信息进行实时汇总，帮助网友了解真实灾情，避免谣言扩散，积累了丰富的公益营销经验。

2012 年，面对关于“世界末日”的谣言，百度再次以此为契机，抓住话题，很巧妙地进行了一场颇有创意的公益营销活动，即百度 2012 环保创意“绿色承诺，拯救地球”活动。

（一）公益传播发展现状

改革开放以来，中国的经济在开放的环境下迅猛发展，粗放型的经济增长方式造成了资源过度消耗、环境污染、生态破坏的严重后果，人们在享受到丰富物质生活的同时，也深切地体会到环境恶化带来的种种恶果。1992 年联合国环境发展大会召开后，中国越来越意识到可持续发展的必要性。在此之后，可持续发展被提上了国家发展的日程，并逐步建立起我国可持续发展的法律体系，通过立法，来推进社会向着正确的道路前进。

一方面，在中国可持续发展的前景下，企业的可持续性发展成为热议的话题。企业责任是指企业不仅需要担负起可持续发展的责任，还必须将可持续的责任行为化，落实到企业的发展战略当中。不考虑资源的持久性、平均性，不顾环境承载能力，片面地依靠数量而非质量的增长方式已经走到了尽头。这个时候，企业的绿色责任被提出来。企业的绿色责任将企业的经营同环境保护的对立性打破，提出将二者统一在企业的发展当中，对传统的经营思维和方式提出了挑战，也为新形势下的新型企业发展创造了条件。

另一方面，公益从最初单纯的公益组织进行的无偿性公益活动，逐渐发展为一种双赢的企业营销模式。“对公益传播认识和重视逐渐提高，社会的认同度、参与性提升；公益传播载体的发展将在客观上促进公益传播；经济环境有力促进公益传播；国际合作的加强使得公益传播的国际环境更加有利。”① 公益的实质即社会财富的再次分配通过企业的公益传播被付诸实践。公益传播不仅能够有效地调动企业的积极性，帮助企业树立自己的

① 马晓荔，张健康. 公益传播现状及发展前景［J］. 当代传播，2005（3）：23～25.

主体形象，也能够回馈社会，通过公益活动，重新唤起社会责任感，吸引民众的参与。由此可以看出，公益传播必然是未来企业营销的一个重要组成部分。

《2009—2011 百度企业社会责任报告》中提到："围绕弥合信息鸿沟，共享知识社会的社会责任观，三年来，百度开展了一系列企业社会责任工作，并与利益相关方建立起有效的沟通机制，责任管理日趋完善，责任治理架构逐步健全。"这其中的企业社会责任，就包括公益传播的责任。

百度 2012 环保创意"绿色承诺，拯救地球"活动以公益传播为立足点，从一开始就占得先机，整个活动将创意和公益巧妙结合，给人以深刻的印象，将企业形象和公益传播两大主题融合传播，是一场成功的企业营销活动。

（二）"绿色承诺，拯救地球"的创意传播

在电影《2012》的带动下，"世界末日"四个字成为 2012 年度最火热的词语。关于"玛雅人的预言"、"地球毁灭"的言论受到大众消费娱乐的同时，也散发出成为谣言的危险。关于"末日"的探讨在 2012 年初始就是该年度的热点。地球是否会有毁灭之日？人类是否会走向灭绝？玛雅人的预言是否会成真？

正是在这样的背景下，百度抓住了人们的好奇与不安，将现实与虚拟结合，在"末日"的言论下，直指当下日益堪忧的环境危机，利用自身的媒体优势和技术优势，将地球危机以一种全新的方式呈现，通过线上线下共同推进，吸引广大的网友参与到这场"拯救地球"的环保主题活动当中。"末日"危机被巧妙地转化成了一场创意环保活动，整个活动调动了广大网友的积极性和创造力，并且迅速升温，较好地对百度品牌和产品进行了宣传。

2012 年 4 月 20 日，百度推出多终端互动效果、震撼创新拯救地球的环保行动。整个活动在执行中呈现出创意与公益相结合的营销策略，它成功执行的公益传播展现出如下特点：

1．特效展示，邀约用户

百度通过“2012 世界末日”和“拯救地球”两个关键词的搜索页面，在 PC 和 WAP 两大终端上线页面特效。在百度搜索“2012 世界末日”页面上会出现山崩地裂的末日情境，随后会从搜索框飘出模拟的诺亚方舟“船票”，提示造成末日的原因是地球环境遭破坏，由此引导用户参与拯救地球环保宣言行动。整个活动的线上参与人数越多，网页中出现的裂缝将逐渐愈合，直至恢复成完整页面。

这次活动将线上的页面特效与用户参与人数相结合，以用户参与的程度，来决定展示的效果，引发了“老带新式”的用户加入，整个活动呈现散装涡旋式扩散效果，在 6 天时间内，便吸引了约 2 000 万网民的参与，页面特效也应用户体验的需要，完成了最终的“修复”。

2. 简洁步骤，参与便捷

当网友进入到拯救地球活动界面后，能够条理清晰地了解到活动的整体内容，整个活动只需要四个简单的步骤便能完成。活动页面里包括“地球故事”、“地球已经伤痕累累”、“拯救地球百宝箱”以及“拯救地球，马上行动”四个模块，分别将百度现有产品百度百科、百度新闻、百度知道融入在内，网友可以利用百度的现有产品介绍，更多地了解和参与公益活动，活动页面同时也提供了合作公益组织的相关活动链接，进行联合宣传。网友们的参与量在“拯救进度”的进程轴上有清晰反映，可识别程度高，对网友的参与体验形成应答，能够让参与者感受到自己在其中贡献的一份力量。

整个线上活动的可操作性强，因而在很短时间内即能完成活动，具有较高的用户参与度。

3．公关巧妙，创话题造势

2012年4月22日，线上百度环保活动启动初始，在北京10号线地铁里，突然出现装扮成北极熊和熊猫的行为艺术者，手持平板电脑，展示象征自己所代表物种“遗像”图片，以失落无奈的状态乘坐地铁，表达其环保主旨，即保护地球刻不容缓，保护这些动物赖以生存的环境，其实就是保护人类自身的生存和发展。同时，行为艺术者还号召广大的网友参与百度2012拯救地球的线上活动。

行为艺术的活动从形式到内容都很新颖，活动本身包含大量信息，在微博和论坛中受到了广大网友的强烈追捧，网友们通过微博转发并热烈讨论，引发了一轮百度搜索参与活动的热潮。百度巧妙利用这一轮公关活动，进一步加大宣传造势力度，不仅吸引了网友的主动参与和讨论，还在活动上线之后，立即利用各大门户网站以及公益机构的媒体发布新闻稿，力求以最快、最新、最大的覆盖趋势将活动推进，吸引更多的用户。同时，百度也利用自媒体官方微博以及合作公益组织WWF的官方微博及时发布线上活动的消息，邀请用户参与拯救地球的创意活动并且引导网友进行公益话题的相关讨论。

4．引导话题，公益与营销并举

百度2012环保活动上线6天，“2012世界末日”和“拯救地球”的搜索量便突破2 000万，活动页面的拯救活动迅速完成，因而线上特效展示也迅速下线。但此时，微博讨论仍然活跃，百度此时已不再主要针对参与活动进行宣传邀请，而是将传播重点转移到百度在此次公益活动设计中所用到的技术上，通过公关稿透露活动中所运用技术的实现方式，并且将主题活动延期下线，保留活动主页。公关稿《百度“2012世界末日”搜索量6天突破2 000万》从另一方面切入，将话题的余热引向关于百度活动创意、先进技术以及公益话题的讨论中，延续了活动讨论的热潮，也将企业的优势呈现在了讨论当中。

从行为艺术到话题方向的引导，百度在整个公关环节中掌控了活动的主动权，很好地把握着活动的节奏和方向，因而在整个活动进行中，公益成为贯穿始终的话题，辅助公益传播的百度，其企业形象无形中获得了网友的好感，“拯救地球”给百度带来了良好的口碑。

5. 全媒体运营，不留死角

百度2012创意环保活动，在宣传中，不仅利用了新媒体技术、线下公关活动，也很看重传统媒体的影响力，整体活动期间，都在《南都周刊》此类风格活泼且时尚的平面媒体上投放相关的平面创意广告。活动后，制作活动视频上传到优酷等视频网站上，并在微博、人人网等社交网站上发布、转载信息，延续活动的话题讨论。百度在活动中制作了大量的平面广告、视频广告、动态效果图等各类广告素材。由于受到广告素材类型的限制，特定受众对广告素材的喜好也有所不同，多素材类型配合全媒体投放，集合成了百度此次活动宣传不留死角的态势。

（三）传播收益检验

热闹的活动，究竟效果如何，不能仅看表面，百度2012环保创意“绿色承诺，拯救地球”活动前前后后的传播收益，从如下几点可窥一斑：

1. 实际收益丰厚——搜索量大幅提升

百度一直以“用户体验”为核心的理念驱动着自己的成长和进步。通过不断地创新和完善产品，带给用户更多的便利，成为百度的追求。其具有核心竞争力的产品——搜索引擎，是百度一直强调的重点。投入大量时间和人力进行信息搜索，成为当下信息爆炸时代背景下人们普遍的困扰。百度通过高技术的搜索引擎，帮助用户便捷地完成这一获取信息的过程，理应成为其竞争力的核心所在。“活动上线6天，关键词‘2012世界末日’、‘拯救地球’搜索量超过2 000万，单日搜索量较历史最高值增长300%，持续占据百度搜索风云榜七日及热门搜索首位。710万的活动页面浏览量，315万条环保宣言，活动转换率高达44%，超过150家媒体对活动进行了报道，更有超过550万的草根用户在微博上热烈讨论。”①

搜索量的大幅提升对百度搜索引擎而言，是一个强有力的收益刺激。百度在量指数上提升后，也将其旗下的产品品质在活动中进行了展示，整个活动都在运用最新的技术和创意，给网友提供了可供讨论的角度，同时也通过公益的主题将百度的企业责任心展现出来。

2. 传播效果良好——微博推动话题炒作

“整个活动上线期间，超过550万微博草根用户在微博上讨论活动，包括页面创意、技术实力、拯救地球、公益环保等话题，成功引爆微博口碑传播。”微博以其自身人际化传播的优势，迅速在网络上扩散了活动主题、线下公关以及相关讨论，吸引了关注，进一步提高了活动参与度。微博的话题炒作，从较为客观的视角进入，分散探讨活动的各个方面，能够深入地对活动中的细节进行挖掘，传播内容细致地贯穿了整个活动。微博在传播信息时，其人际传播的效力能够帮助信息较为准确地传达给目标受众，对百度2012环保活动的话题炒作起到了强大的推动作用。整个活动虽然在百度上开展，但因为微博的力量，传播范围得到极大的扩散，传播内容也受到了更持久的关注。

3. 活动认知度高——品牌信息传达接受率高

“活动期间超过150家媒体对活动进行了报道，活动传播广度和影响力大大超出预期，活动认知度达73%，喜好度超过80%，品牌创新性和责任感信息的传达接受度均超过50%，有效提升了百度品牌在创新性和责任感方面的品牌形象。”百度的品牌认知度通过整个活动得到了提升，百度旗下的百度百科、百度新闻、百度知道在活动中也将自身的特色融入其中，得到了参与者的认可，因而整体活动的接受度较高。

综上所述，百度在2012年4月20日上线的线上环保创意活动，虽然

---

① 百度：2012创意环保行动［EB/OL］．艾瑞广告先锋．http：//case. iresearchad. com/html/201208/3004115613. shtml.

仅仅持续6天，便完成了效果展示，但整个活动关注度和参与度在短短6天时间中以极为迅猛的态势增长，取得了较为瞩目的成绩。整体活动具有较好的创新性和实践性，是公益与营销巧妙结合的一个经典案例。

二、百度新公益传播营销策略评述

纵观百度2012创意环保活动，可以发现活动的成功有其必然的因素，且当中不乏值得学习和借鉴的地方，主要有以下两点：

（一）选择公益主题

公益主题活动是指企业通过宣传、倡导和组织实施系列公益活动，引起社会的广泛关注，并带动影响他人参与、改变不良的社会观念和行为，以及影响顾客和消费者参与的公益行为模式。[①] 企业通过参与公益主题活动，达到提升形象和品牌、拉升产品销售的目的，同时与所属行业的主管机构、慈善机构或者社区建立友好关系。这种公益模式在企业中很盛行，因为企业借助公益活动平台不仅能履行社会责任，还能展示企业的形象。成功地参与一项公益活动，能够有效地树立企业和品牌的整体形象，有效地改善和优化外部环境，并增强企业的竞争优势。[②]

百度在进行环保主题公益活动时，将企业的优势资源（即新技术、新创意）植入活动中，投入大量公益广告。“公益广告不仅能够传达公益项目本身的信息，而且还能传达企业的责任感和公益精神。”[③] 这种象征着正义感和使命感的企业责任，是当前企业所缺失的，同时也是广大消费者所看重的。百度投放的公益广告在公益传播中有效地拉近了用户与企业的距离，让参与者感受到企业的亲切之处。公益的魅力在于拥有最为广泛的受众群体，在商业营销活动效果大减的当下，百度运用公益传播来打动百度所覆盖的广大受众，在短时间内就取得了巨大成功。

（二）抓住用户特点

百度搜索用户主体是接受新事物较快、有一定文化水平、注重网络体验的群体，这一群体对于公共话题的关注度较高，其中不乏众多关注环保等社会热点话题的人群。

百度在设计整个活动时，充分考虑到用户群特征。用户通过搜索体验

---

① 张虎．企业公益战略［M］．北京：中国经济出版社，2010. 98.
② 张虎．企业公益战略［M］．北京：中国经济出版社，2010. 99.
③ 张虎．企业公益战略［M］．北京：中国经济出版社，2010. 100.

“末日”的强烈视觉冲击力，产生深刻的印象，由此也产生了好奇心。当用户接收到百度搜索框中飘出的“船票”时，完成了一个从认知到接受的心理过程。一旦用户点击进入线上活动，整个环保主题便会展现，线上拯救任务虚拟了一个即将灭亡的地球，在地球上展示了遭到严重破坏的地点或者随着环境恶化将要消失的地方。拯救行动需要用户点击按钮，发表对特定地区的拯救宣言并且提交，即可完成一份拯救行动。整个行动简单易行，主题口号朗朗上口且便于记忆。

因为“体验”能够提供给消费者感受性的产品和服务，因而能够产生非常好的宣传效果。通过一个简单的“拯救活动”，百度提供给用户“深层体验”式的参与感受，抓住当下用户所看重的内容进行营销，自然取得了良好的活动效果。